KLAUS BRANDNER

Mit einem Vorwort von

Franz Morak

Staatssekretär für Kunst und Medien

JHK

VERLAG JOHANNES HEYN

Den ersten 840 Exemplaren des Buches
wurden die Serigrafien
„Liebe ist . . .“, „Das Geheimnis“ und „Die Aufsteiger“
beigegeben.

Liebe ist . . .

Original Farbserigrafie auf Büttenpapier

Gedruckt in 19 Farben

Auflage: 280 EX + 20 EA

Größe: 27 x 28 cm, 2001

Das Geheimnis

Original Farbserigrafie auf Büttenpapier

Gedruckt in 20 Farben

Auflage: 280 EX + 20 EA

Größe: 27 x 28 cm, 2001

Die Aufsteiger

Original Farbserigrafie auf Büttenpapier

Gedruckt in 23 Farben

Auflage: 280 EX + 20 EA

Größe: 27 x 28 cm, 2001

Ein Vorwort von

Franz Morak

Staatssekretär für Kunst und Medien

und

ein Textbeitrag von

Irina Lino

Kulturjournalistin

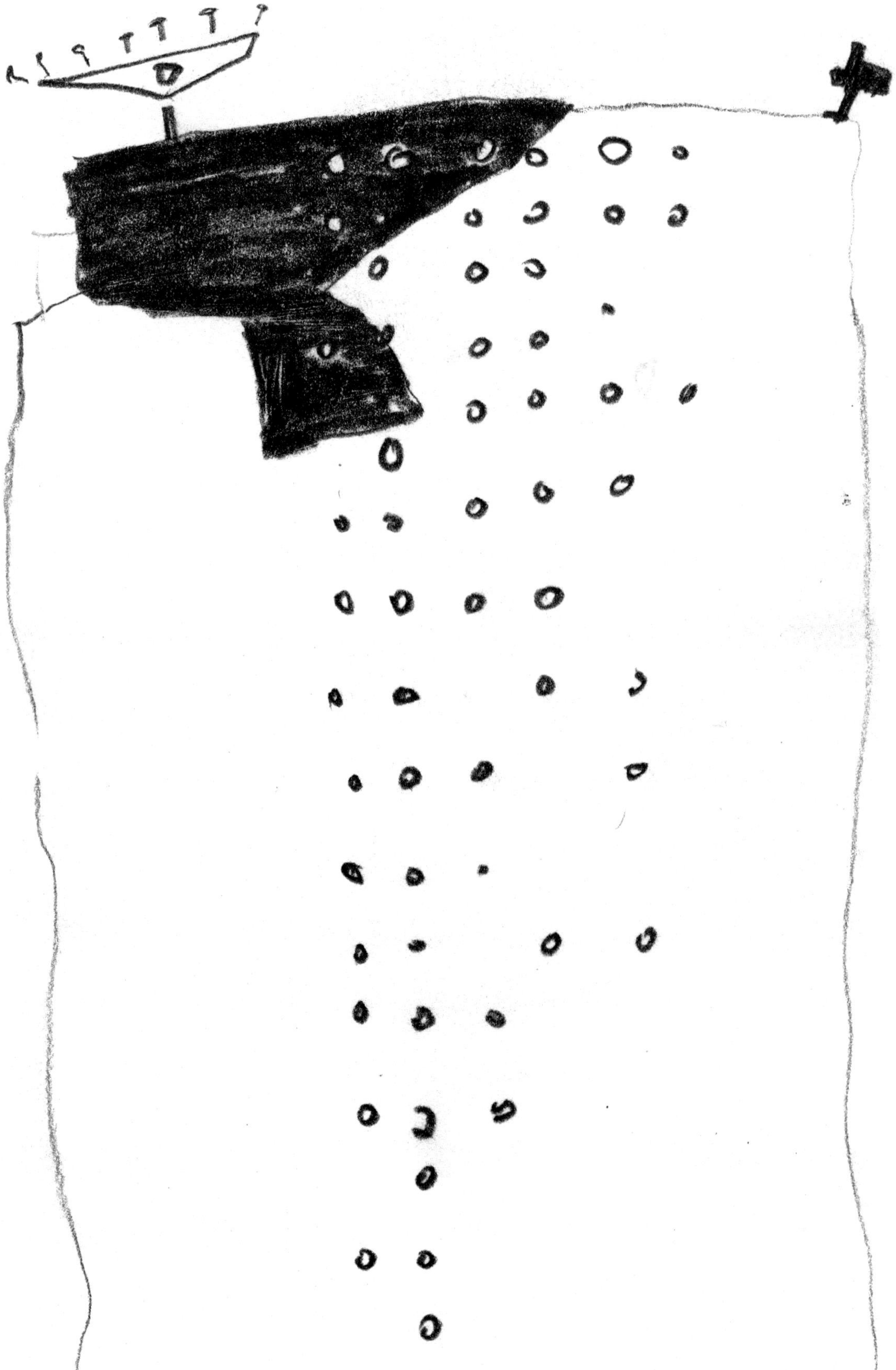

Die wahren Abenteuer sind im Kopf

Klaus Brandner bringt sie zu Papier.
Die Bilder von Klaus Brandner spiegeln seine Gedankenwelt wider. Jedes einzelne ist Teil eines Ganzen und bleibt doch eigenständiges Fragment in einem offenen und undefinierten künstlerischen Raum.

Der Schaffensprozess Klaus Brandners verfolgt keinen konzeptiven Ansatz.
Es gibt keinen Plan, keinen Anfang, kein Ende, es handelt sich um eine sehr impulsive und freie Arbeitsweise. Seine Bilder entstehen sukzessive, ein Detail führt zum nächsten - das Resultat sind schlichte zurückhaltende, und sensible Arbeiten, die einen Einblick in die Phantasiewelt des Künstlers gewähren.
Die Formensprache reicht von der Abstraktion bis zu figurativen Elementen, die in Harmonie nebeneinander bestehen können.

Beeinträchtigt diese scheinbare Willkür die Lesbarkeit von Klaus Brandners Werken?

Zur Rezeption dieser Werke aber auch von Kunst im allgemeinen bleibt ein Gedanke von Pablo Picasso:
„Jeder möchte die Kunst verstehen. Warum versucht man nicht, die Lieder eines Vogels zu verstehen? Warum liebt man die Nacht, die Blumen, alles um uns her, ohne es durchaus verstehen zu wollen? Aber wenn es um ein Bild geht, denken die Leute, sie müssen es verstehen... Menschen, die Bilder erklären wollen, bellen für gewöhnlich den falschen Baum an."

Franz Morak
Staatssekretär für Kunst und Medien

Wien, April 2001

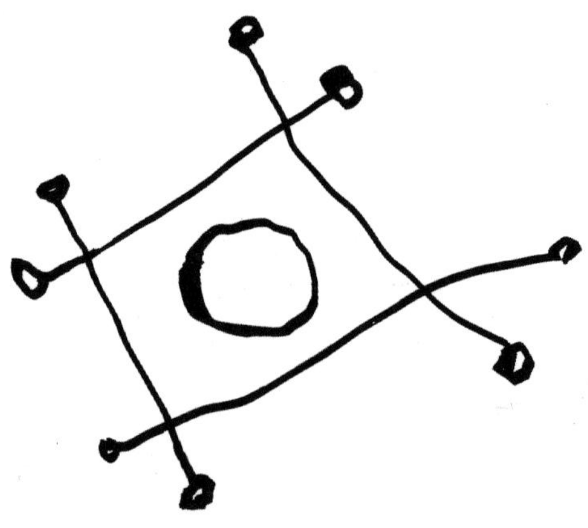

The real adventures are in the mind.

Klaus Brandner commits them to paper.
Klaus Brandner's paintings reflect his world of ideas. Each individual is part of a whole, remains however an independent fragment within an open and undefined artistic sphere.

The creative process of Klaus Brandner does not pursue a conceptive approach. There is no intention, no beginning, no end - it is a matter of a very impulsive and liberal working process. His paintings develop gradually, one detail leads to the next - the outcome comprises plain, unobstrusive and sensitive works of art, which allow access to the artist's world of fantasy. The language of forms range from the abstraction up to figurative elements that can coexist in complete harmony.

Does this apparent voluntariness impede the readability of Klaus Brandner's works of art?

In order to be able to be receptive to these creations and also to art in general Pablo Picasso once remarked: "Everybody would like to understand art. Why do we not try to understand the singing of the birds? Why do we love the nighttime, the flowers, everything around us, without really wanting to understand it? However, if a painting is concerned, people think they have to understand it ....people, who want to explain paintings usually bark up the wrong tree."

Franz Morak
Mininster of State for Art and Media

Vienna, april 2001

Les vraies aventures sont dans la tête.

Klaus Brandner les met sur papier.
Les tableaux de Klaus Brandner reflètent le monde de ses idées. Chacun de ses tableaux représente une partie de l'ensemble et reste tout de même un fragment indépendant dans un espace artistique ouvert et indéfini.

Le processus de création de Klaus Brandner ne poursuit pas une démarche conceptuelle.
Il n'y a pas de plan, pas de début, pas de fin, il s'agit d'une façon de travail très impulsive et libre.
Ses tableaux sont créés successivement, un détail engendre le suivant – le résultat consiste en de simples travaux discrets et sensibles, qui donnent droit de regard dans le monde d'imagination de l'artiste.
Le langage des formes s'étend de l'abstraction jusqu'aux éléments figuratifs qui peuvent subsister l'un à côté de l'autre en parfaite harmonie.

Cet aspect arbitraire apparent, porte-t-il atteinte à la lisibilité des œuvres de Klaus Brandner?

Par rapport à la réception de ces œuvres, mais aussi de l'art en général, il reste une pensée de Pablo Picasso: «Chacun veut comprendre l'art. Pourquoi n'essaie-t-on pas de comprendre les chants d'un oiseau ? Pourquoi aime-t-on la nuit, les fleurs, tout autour de nous, sans vouloir le comprendre dans le fond ?
Or, lorsqu'il s'agit d'un tableau, les gens pensent qu'ils doivent le comprendre ... Ceux qui veulent expliquer des tableaux aboient en règle générale au pied du faux arbre.»

Franz Morak
Secrétaire d'Etat pour l'Art et les Médias

Vienne, avril 2001

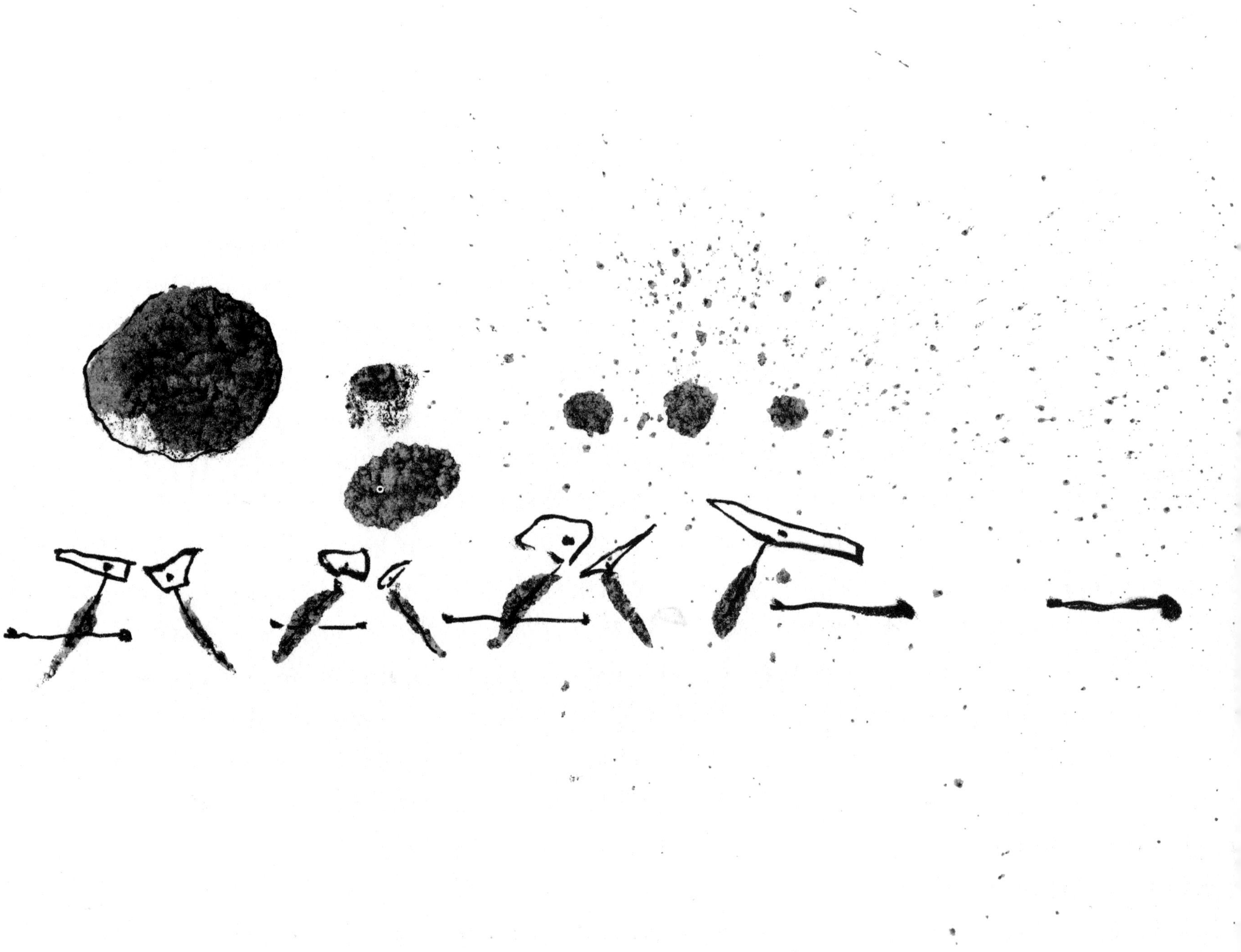

Der Mond hat kein Ende

Das Rot ist eine Flamme – archaischer Urgrund des Lebens – das Blau sein primärer Widerpart, in dem sich Zeichen spiegeln. Manchmal leckt es hoch an den Feldern, die neben ihm glühen, und überzieht sie mit einem wässrigen Schein. Die Grenzen bleiben dennoch unantastbar zwischen den beiden Farben, die nebeneinander wurzeln, die übereinander wachsen, die sich berühren und abstoßen und das formen, was Klaus Brandner sein Paradies nennt. Wer es betritt, tritt ein in einen Garten, der keine Abgründe kennt – und keine Schlange. Ein heiterer, lichtdurchfluteter Garten, in den er Farben sät und Inhalte erntet, die eine verschlüsselte doch zutiefst positive Sichtweise der Dinge offenbaren.
Auf den Weg ins Wunderland hat er sich schon früh gemacht und bereits als 16-Jähriger gewusst, dass Leinwand und Pinsel ihn dorthin führen. Zweifel? Nicht in dieser Hinsicht. Nicht, was die Wahl des Weges betraf. Und so beschloss er, mit moralischer Unterstützung der ganzen Familie, dem Beispiel seines Vaters zu folgen und Künstler zu werden. Dessen Schatten ist der Denker mit dem breiten Bubenlachen und dem offenen Blick lange schon entwachsen und hat mit Talent, Ehrgeiz und Steh- oder besser gesagt Gehvermögen seine charakteristische Handschrift gefunden, ausgeformt und weiterentwickelt. Stunde für Stunde, Tag für Tag, Pinselstrich für Pinselstrich. Dieses schrittweise Herantasten an neue Inhalte ist es auch, das große Brüche ausspart in einem Werk, das sich über die Jahre hinweg behutsam verändert hat, ohne seinen Charakter wesentlich zu ändern. Das wie ein Korallenriff auf dem Fundament ausgereifter Inhaltsträger ruht, um dem Seelenporträt, um das sich sein Schaffen rankt, neuen Boden zu bereiten. Da ist kein Platz für vorgefertigte Realitätsmodelle, die in mehr oder weniger abstrakter Bildsprache ihre Wirklichkeit formulieren; da ist Platz für den Blick hinter die Dinge.

Das Sein hinter dem Schein, das Brandner identifiziert, interpretiert und zum poetischen Selbstbildnis umfunktioniert.
Dabei folgt der 35-Jährige keinem vorgefertigten Konzept, sondern stürzt sich bei jedem Bild aufs Neue in das Abenteuer Kunst, das oft bei der Grundierung der Leinwand beginnt. Dort kann ein Sandkorn, ein Haar, eine willkürliche Linie zum magischen Element werden, aus dem nach und nach der Denker auf die Jakobsleiter klettert, der Tagträumer ein Picknick im Grünen veranstaltet oder der Solist bei Sonnenregen, on heaven´s door klopft, beziehungsweise knockt, um (fast) beim Originaltitel zu bleiben. Und Titel tragen seine Werke alle.
Gebaut aus Worten, die er aufgelesen und gesammelt hat, wie andere bunte Steinchen. Witzige, wohlklingende, wundersame Worte. Nieselwiesel-Worte, die in das Ohr kriechen und dem Auge zu Hilfe eilen, weil die Brandnerschen Zeichen – seine mystischen Leitern, emporstrebenden Tropfen, glühenden Monde – keine direkten Botschaften tragen, sondern als gestalterisches Element dienen.
Und das tun sie meistens. Doch auch dann sollte man nicht zu sehr auf diese Worte vertrauen, da er selbst Titel niemals als zwingend betrachtet. Dann sollte man sein Hirn einfach abschalten und sich ganz der pulsierenden Magie hingeben, die Brandners Bilder atmen.
Und das fällt ganz besonders leicht in dem neuen Atelier, das er selbst entworfen und gebaut hat, vor zwei Jahren in vier Monaten mit Hilfe zweier Freunde.
Am Stadtrand von Klagenfurt, gleich neben dem Wohnhaus, das angefüllt ist mit Kunst, die sich ganz selbstverständlich in den Alltag einfügt. Oder Alltag, der ganz selbstverständlich kunstvoll wird. Bei den Brandners eben immer auch eine Frage der Perspektive.

Und auch hier in diesem Atelier, auf 160 m^2 Arbeitsfläche mit Wohnraumcharakter, eingehüllt von der organischen Form seiner Architektur, die in einem Denker-Rondeau gipfelt; zurückversetzt in eine fast schon pränatale Geborgenheit, leuchten seine wundersamen Zeichen von den Wänden wie Höhlenmalereien und erzählen in schillernden Farben von einem, der auszog, um aus des Knaben Wunderhorn zu schöpfen. Und ausgezogen ist er oft aus dem kleinen Paradies und hat die beschauliche Langsamkeit des Landlebens mit der atemlosen Schnelligkeit der Städte vertauscht. Paris, Wien, Hamburg. Wo immer ihn seine Wege hinführen - zu Ausstellungen, zu Studienzwecken - war und ist er von Menschen fasziniert, deren Lebensanschauung eine andere ist - die anders denken, die anders leben, die anders arbeiten. Auch darin findet er Inspiration. Doch lange dauern sie nie, diese Ausflüge in die Reizüberflutung menschenüberfluteter Metropolen. Dazu ist er viel zu sehr an die Natur gebunden und viel zu sehr der Lagerfeuerromantik verhaftet, wie er es bezeichnet. Aus diesem Grund bricht er auch mindestens einmal im Jahr seine Zelte in Österreich ab und stellt sie mit Kind und Kegel an weit entfernten Orten - bevorzugt in der Wildnis - wieder auf.

Dann kann es schon passieren, dass er sich gehen lässt und nur um des Gehens willen die Mönchsrepublik Athos erwandert. Beim Gehen in sich gehen. Ein weiterer Quell Brandnerscher Inspiration, dem der philosophische Ansatz auf Schritt und Tritt folgt. Schließlich will die künstlerische Prämisse, dass Positives zu positivem führt, auch, oder gerade im täglichen Leben, ihre Entsprechung finden. Und genau hier liegt das Geheimnis seines Erfolges und befruchtet seine Werke mit der lichten Heiterkeit, die ihn umgibt.

Das soll nicht heißen, dass er keine Kunst schätzt, die sich der dunklen Seite des Lebens zuwendet.
Das soll auch nicht heißen, dass er nicht zweifelt. Der Zweifel gehört zum täglichen Brot eines Künstlers. Wer nicht zweifelt, tritt auf der Stelle. Doch auch hier ist der Lösungsansatz ein Positiver und wohl aus diesem Grund sind seine Bilder gefragter denn je und eine Vielzahl von renommierten Galerien in Österreich, Deutschland, Belgien, Holland und der Schweiz haben den jungen Kärntner in ihrem Repertoire.
Die Kunstkalender und Bücher nicht zu vergessen, die das Bild mit dem Wort verweben und Ölmischtechniken und Serigrafien im Kontext unterschiedlichster Erfahrungswerte spiegeln. Sie alle haben ihre Spuren hinterlassen. Welche genau das sind, weiß nur er.
Doch wann und wo immer man dem brennenden Rot begegnet, dem sonnenüberfluteten Gelb, dem erdgebundenen Grün, dem ozeantiefen Blau, wann und wo immer seine organisch umwachsene Geometrie das Auge trifft und ihre Zeichen von Geheimnissen und Wahrheiten erzählen, wird man die Fußspuren Klaus Brandners finden. Und die führen zu Orten, irgendwo jenseits dieser Welt. Mit Monden, die kein Ende haben.

Irina Lino, Kulturjournalistin — Juni 2001

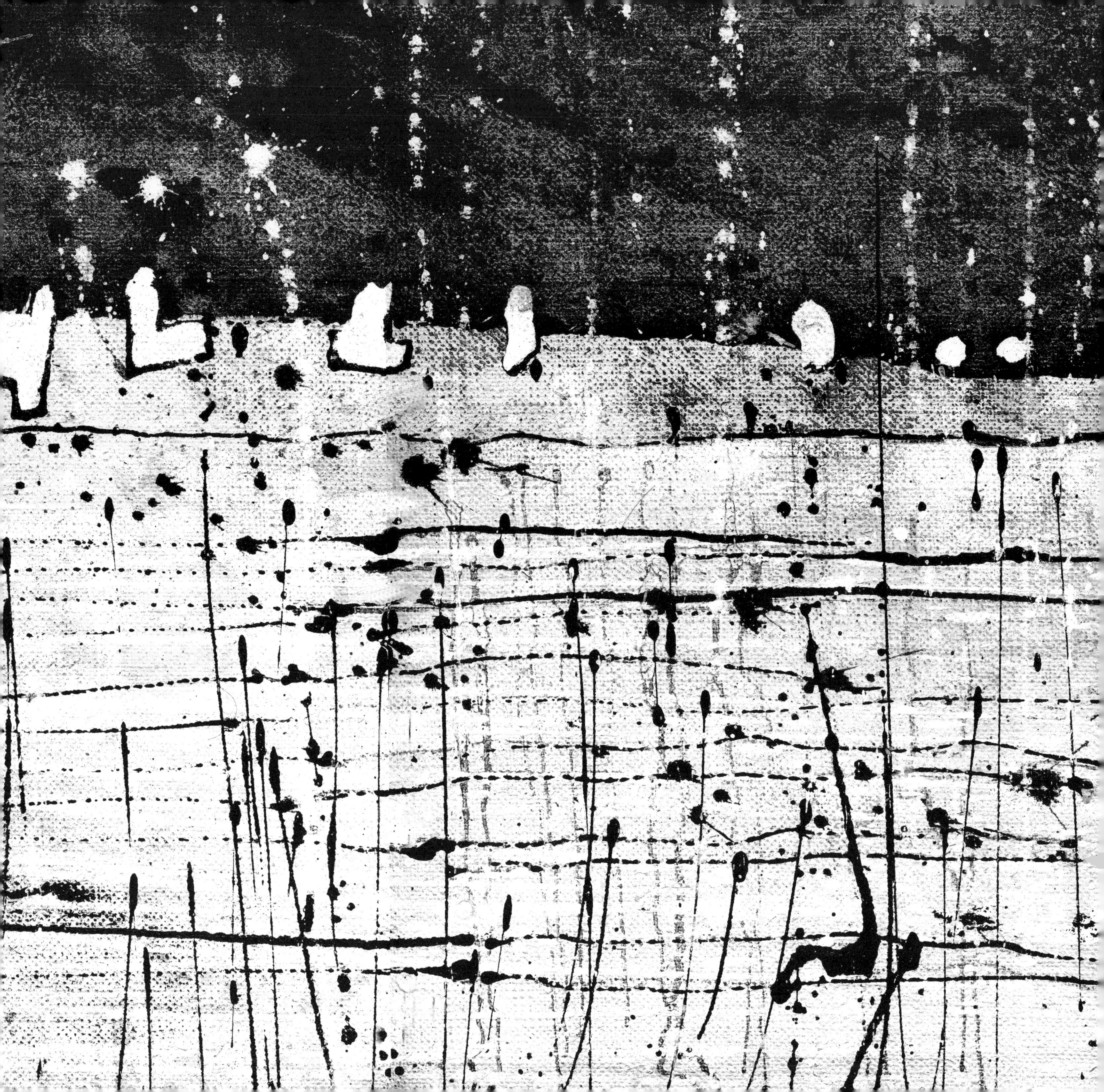

The moon is never-ending.

The red is a flame - archaic basis of life - the blue is its primary opponent, in which various forms and symbols reflect. Sometimes it flickers up to the spaces that glow next to it and covers them with a watery light. The borders however stay unimpeachable between both colours, which take root next to each other, grow on top of each other, that touch and then push away forming that, what Klaus Brandner calls his paradise. He who sets foot in it, steps into a garden that knows no unplumbed depths and no snakes. A cheerful garden flooded with light in which he sows colours and harvests contents that disclose a coded, and yet most positive view of things.
He was on the way to wonderland at a very early age and already knew as a 16 year old that canvas and paintbrush would lead him there. Doubts? Not in this respect. Not what the choice of the direction was concerned. And therefore with the moral support of the whole family he decided to become an artist like his father.
His shadow shows the thinker with the boyish smile and open look which he has long since outgrown and has found, formed and developed his characteristic trademark by means of talent, ambition and perseverance, or should one say working capability. Hour for hour, day for day, brushstroke for brushstroke. It is this cautious approach towards new contents that avoids large interruptions in a work of art that has changed over the years without a fundamental modification of its character.
The mature holder of ideas rests - like a coral reef on the foundation - in order to enable space for new grounds for his artistic work. There is no room for pre-fabricated reality models, which in a more or less abstract picture language formulate their reality; there is room for the view behind things.
The appearance behind reality, that Brandner identifies, interprets and converts to a poetic self-portrait. However, the 35 year old does not follow a pre-fabricated

conception, but plunges each time anew with every picture he paints into the adventure of art, that very often starts with the priming of the canvas. There, a grain of sand, a hair, a random line can become a magic element from which slowly but surely: the thinker climbs up Jacob's ladder, the day dreamer has a picknick out in the open or the soloist during the sun-rain knocks on heaven's door - and all of his works have titles. Put together from words, that he picked up somewhere and collected them, like other people collect coloured stones. Funny, melodious, strange words. Words, that creep into your ears and rush to help your eyes in the case that the Brandner forms and symbols – his mystic ladders, his upwards striving drops, glowing moons – do not bear direct messages, but only serve as artistic elements. And they do that most of the time. But even then one should not take these word too seriously, because even he himself does not consider the title as compelling.
In this case, one should forget about everything and dedicate oneself to the pulsating magic that Brandner's pictures breathe.
And this comes easily in the new atelier, which he designed and built himself two years ago with the help of two friends during a period of four months. On the outskirts of Klagenfurt directly next to the residential building which is filled up with art and naturally fits in the ordinary daily way of life. Or, ordinary daily way of life in a very artistic way. For the Brandner family it's just a matter of perspective. And even here in this atelier with 160 m^2 working area and a living room atmosphere, wrapped up in the organic form of his architecture which culminates in a "Thinker-Rondeau"; taken back in an almost prenatal security, his strange forms and elements shine from the walls like cave paintings and tell in iridescent colours about one who moved out to become creative. And he did move out very often from his small

paradise and exchanged the peaceful slowness of the country life for the breathless rapidity of the cities. Paris, Vienna, Hamburg. Wherever he went - either to exhibitions or for study reasons - he was and is always fascinated by people, whose approach to life is different and who think differently, live differently and work differently. Here too he finds inspiration. However, these trips never last long - trips to cosmopolitan cities with stimulus satiation. He is much too much nature-loving and rooted in campfire romanticism, as he calls it.
For this reason, he packs his bags and leaves Austria at least once a year and settles down with the whole clan in remote places - preferably in the wilderness.
Then, it might happen that he lets himself go and just for the sake of walking gets to know the area of the Monastic Republic "Athos". Whilst walking, he does a bit of soul searching. This is a further source of Brandner's inspiration. After all, the artistic premise - that positive leads to positive - especially in daily life has to be confirmed. And this is where the secret of his success becomes obvious and stimulates his artistic works with the light cheerfulness that surrounds him.
This doesn't mean that he does not appreciate art that turns its attention to the dark side of life.
It also doesn't mean that he has no doubts. Doubt belongs to the daily bread of an artist. He, who does not doubt, doesn't make any progress. But even in this respect the solution approach is positive and probably for this reason are his paintings more in demand than ever and numerous galleries in Austria, Germany, Belgium, Holland and Switzerland the young Carinthian is part of their repertoire. Not to forget the Art Calendars and books, that combine the paintings with the words, oil mixture techniques and screen prints that reflect varying experience values.

They all have left their marks, which marks exactly are only known by him.
But when and wherever we are confronted with the burning red, the sun-drenched yellow, the earthly green, the ocean-deep blue, when and wherever the eye meets his organic enveloped geometry and its forms and symbols narrate mystery and truths, Klaus Brandner's footprints will be discovered. And they lead to places, somewhere beyond this world. With moons, that are never-ending.

Irina Lino, Art journalist

June 2001

La lune n'a pas de fin.

Le rouge est une flamme - raison originelle et archaïque de la vie - le bleu son primaire adversaire, dans lequel se mirent des signes.
Par moments il frôle les hauteurs des champs, qui brûlent à côté de lui, et les recouvre d'une lueur aqueuse.
Les limites restent pourtant intangibles entre les deux couleurs, qui ont leurs racines l'une à côté de l'autre, qui grandissent l'une au-dessus de l'autre, qui se touchent et se repoussent en formant ce que Klaus Brandner appelle son paradis.
Celui qui y entre, fait un pas dans un jardin qui ne connaît pas de gouffres et pas de serpents.
Un jardin gai avec beaucoup de lumière, dans lequel il sème des couleurs et récolte des sujets qui révèlent une façon chiffrée mais tout de même profondément positive de voir les choses. Tôt il s'est rendu sur le chemin vers le pays des merveilles, et déjà à l'age de 16 ans il savait que ce seraient la toile et le pinceau qui l'y guideraient.
Des doutes? Pas à cet égard.
Pas en ce qui concernait le choix du parcours.
Alors ; avec le soutien moral de toute sa famille, il s'est décidé à suivre l'exemple de son père et de devenir artiste.
Le penseur au sourire large d'un garçon et au regard ouvert est sorti déjà depuis longtemps de l'ombre de ce dernier. Il a trouvé, retouché et perfectionné son écriture caractéristique avec talent, ambition et assiduité de vouloir tenir tête, ou plutôt la ferme volonté à continuer son chemin.
Heure par heure, jour par jour, coup de pinceau par coup de pinceau.
Ce graduel abord à pas de loup vers de nouveaux sujets évite également de grandes ruptures dans un œuvre qui a légèrement changé au fil des années, sans pour autant essentiellement altérer son caractère.

L'œuvre repose comme un récif corallien sur le fondement de porteurs de sujets bien mûris en vue de préparer de nouvelles bases au portrait de son âme, autour duquel se ramifie son ouvrage.
Il n'y a pas de place pour des modèles de réalité préfabriqués qui formulent leur vérité avec un langage illustré par des images plus ou moins abstraites; il y a de la place pour jeter un regard derrière les choses. L'être derrière l'apparence que Brandner identifie, interprète et transforme en portrait poétique. En ce faisant, l'homme de 35 ans ne poursuit pas de concept préfabriqué mais avec chaque tableau se jète à nouveau dans l'aventure de l'art, qui commence souvent par la première couche de couleur sur la toile. Là, un grain de sable, un cheveu, une ligne arbitraire peut devenir un élément magique, suivant lequel le penseur grimpe petit à petit sur l'échelle Saint-Jacques, le rêveur de jour fait un pique-nique dans la verdure ou le soliste frappe à la porte du ciel durant la pluie ensoleillée, respectivement knock on heaven's door afin de retenir (presque) le titre original.
Et tous ses ouvrages portent des titres. Construits de mots qu'il a recueillis et collectionnés, comme d'autres des pierres coloriées. Des mots amusants, mélodieux, des mots étranges. Des mots harmonieux qui se glissent à l'oreille et qui viennent au secours de l'œil lorsque les signes de Brandner – ses échelles mystiques, ses gouttes montantes, ses lunes brûlantes – ne transportent pas de messages directs, mais servent uniquement comme éléments créatifs. Et c'est ce qu'ils font la plupart du temps. Cependant, même dans ces cas-là il ne faudrait pas trop se fier à ces mots, car des titres, lui-même ne les considère jamais comme obligatoires. Alors il est simplement conseillé d'éteindre son cerveau et de s'adonner complètement à la magie pétillante que respirent les tableaux de Brandner. Et ceci est particulièrement facile dans le nouvel atelier de Brandner, qu'il a conçu et construit lui-même il y a deux ans

en espace de quatre mois avec l'aide de deux amis. En banlieue de Klagenfurt, juste à côté de la maison d'habitation remplie d'art, qui s'intègre tout naturellement dans le quotidien. Ou c'est le quotidien qui recouvre tout naturellement un aspect artistique. Chez les Brandner aussi toujours une question de perspective.
Et aussi ici dans cet atelier, sur un espace de travail de 160 m^2 au caractère de pièce habitable, enveloppé de la forme organique de son architecture qui atteint son point culminant dans un rondeau penseur; reporté vers un abri presque prénatal, ses signes étranges brillent des murs comme des peintures rupestres, racontant en couleurs lumineuses d'un homme qui est parti pour puiser dans le cor enchanté du garçonnet. Et il est souvent parti de son petit paradis pour échanger la lenteur contemplative de la vie de campagne avec la rapidité essoufflée des villes. Paris, Vienne, Hambourg.
Où qu'il aille – à des expositions, à des fins d'études – il était et l'est encore fasciné par des gens qui ont une autre conception de la vie, qui pensent différemment, qui vivent différemment, qui travaillent différemment. C'est aussi dans ces choses-là, qu'il trouve de l'inspiration. Or, ils ne durent jamais longtemps, ces voyages dans la submersion d'attraits des métropoles submergées de foules. Lui, il est beaucoup trop lié à la nature et beaucoup trop attaché à la romance du feu de camp, comme il le surnomme. Pour cette raison, il plie également sa tente au moins une fois par an en Autriche et la monte avec toute la smalah dans de très lointains endroits, de préférence dans la contrée sauvage. Là, il peut lui arriver qu'il se laisse aller et qu'il escalade seulement par amour de la marche la république des moines Athos. Rentrer en soi-même en marchant. Une autre source d'inspiration de Brandner, suivie à chaque pas par l'approche philosophique.

La prémisse artistique, selon laquelle le positif mène au positif, veut finalement aussi, ou spécialement dans la vie de tous les jours, trouver son équivalent.
C'est exactement ici que se trouve le secret de son succès, fécondant ses œuvres avec la gaieté claire qui l'entoure. Ceci ne veut pas dire qu'il n'apprécie pas l'art qui se tourne vers le côté obscur de la vie. Ceci ne veut pas non plus dire qu'il ne doute pas. Le doute fait partie du pain quotidien d'un artiste. Celui qui ne doute pas n'avance pas. Néanmoins, ici l'approche vers une solution est également positive, et c'est probablement bien la raison pour laquelle ses tableaux sont plus demandés que jamais, et que de nombreuses galeries renommées en Autriche, Allemagne, Belgique, Hollande et Suisse ont pris le jeune Carinthien dans leur répertoire. A ne pas oublier les calendriers d'art et des livres qui entremêlent l'image avec le mot et qui font refléter des techniques de mélange d'huile et des sérigraphies dans le contexte des plus divergentes valeurs empiriques. Ils ont tous laissé leurs traces.
Lesquelles exactement, seul lui le sait. Cependant, n'importe quand et n'importe où que l'on rencontre le rouge enflammé, le jaune inondé de soleil, le vert tellurien, le bleu des profondeurs de l'océan; n'importe quand et n'importe où que sa géométrie entourée d'aspects organiques tombe sur l'œil et que leurs signes racontent des secrets et des vérités, vous trouverez les empreintes de Klaus Brandner. Et celles-ci mènent à des endroits quelque part au-delà de ce monde. Avec des lunes qui n'ont pas de fin.

Irina Lino, Journaliste d'Art — Juin 2001

Sea of love
Öl auf Leinwand, 90 x 110 cm, 1998

Ich beschäftige mich in meiner Malerei nicht mit vorgefaßten Themen oder Vorstellungen. Das Bild entsteht beim Malen. Wenn ich ein Bild beginne, habe ich nicht die geringste Ahnung, was daraus jemals wird oder ob daraus überhaupt etwas wird. Es fängt an mit der Grundierung der Leinwand, dabei entstehen schon die ersten Unregelmäßigkeiten. Ein Punkt, ein Haar auf der Leinwand oder ein Sandkorn sind oft der Beginn eines Bildes. Farben verrinnen – Flächen entstehen, Strukturen kommen zum Vorschein.
Ich male meine Zeichen und bringe sie in Verbindung mit Linien, Flächen und anderen Elementen.
Meine Zeichen sind keine Symbole, sie enthalten keine direkten Botschaften, sondern dienen eher als gestalterisches Element.
Wenn ich also, wie zum Beispiel im Bild „Der Zaunkönig", eine Leiter male, auf die vielleicht jemand raufgestiegen ist, vielleicht auf einen Zaun raufgestiegen ist, um hoch oben zu sein, um eben der Zaunkönig zu sein, dann ist das eine Interpretation aus einer realistischen Sichtweise, die zwar zutreffend sein könnte, aber trotzdem nur im Entferntesten mit meinen eigentlichen Beweggründen zu tun hat. Mir geht es primär nicht darum, eine Leiter oder einen Zaun darzustellen. Wichtig ist mir nur die Spannung, die Energie, die vom Bild ausgeht und auf den Betrachter wirkt.
Die Titel der Bilder entstehen immer erst nachdem ich aufgehört habe zu malen. Ich denke mir dann Geschichten aus oder suche nach einer passenden Assoziation, ein Wort, welches das Bild vielleicht beschreiben könnte.
Zwingend ist der Titel nie, weil meine Malerei im weitesten Sinne abstrakt ist, und abstrakte Malerei läßt immer mehrere Interpretationen zu.
Ich suche mir eben jene aus, die für mich am witzigsten, eigenartigsten oder am zutreffendsten ist. Ich freue mich aber immer, wenn jemand meine Bilder sieht, und ihm dann ein neuer Titel einfällt.

When I paint I do not apply preconceived themes or conceptions.
The picture develops during the process of painting.
When I start a painting I have absolutely no idea what will become
of it, or whether anything will become of it at all.
It all starts with the prime coat on the canvas where the first irregularities
develop. A dot, a hair on the canvas or a grain of sand are often the initiation
of a picture. Colours blend into one another ... patterns emerge, structures
appear.I then paint my typical figures and link them up with lines, patterns and
other elements.These figures are not symbols, they do not comprise any
specific messages, they are rather creative elements.
So if I paint a ladder, as for instance in my painting „Der Zaunkönig" (The King
of the fence), up which someone has climbed, maybe up a fence so as to be
high up in order to be the „King of the Fence", this is then an interpretation
from a realistic point of view, which no doubt could be correct but neverthe-
less has not in the least anything to do with my actual motives.
My only objective is to illustrate a ladder or a fence.
For me it is the tension, the energy that is radiated from a painting,
leaving an impression on the viewer.
The titles of the paintings always develop after I have finished.
I then make up stories or think about an appropriate association,
a word, that could describe the painting.
The title is never compelling, because, in a broad sense, my painting is abstract
and abstract painting always allows for several interpretations.
I always chose those titles that appear to be the funniest, most original or
most appropriate. However, I am always glad if someone who sees my paintings
comes up with a new title.

Je ne m'occupe pas de thèmes ou d'imagination préconçus, le tableau se développe peu à peu en peignant.
En commençant un tableau je n'ai pas la moindre idée de ce qu'il va donner ou si il réussira.
Je commence par la couche d'apprêt sur la toile et déjà les premières irrégularités apparaissent. Un point, un cheveu, un grain de sable sur la toile sont souvent le commencement d'un tableau. Les peintures se dispersent - des surfaces de couleur se forment, des structures apparaissent.
Je peins mes signes et les relie aux lignes, surfaces et autres élements.
Mes signes ne sont pas des symboles, ils ne contiennent pas de messages directs mais servent plutôt comme éléments formatifs. Comme par exemple le tableau „Der Zaunkönig„ (le roitelet). J'y ai peint une échelle, sur laquelle quelqu'un est monté pour être tout en haut d'une clôture, pour se distinguer des autres, comme le roitelet, alors cela peut être interpreté d'une perspective réaliste et bien que cette vue soit juste, elle n'a rien à faire avec ma propre motivation.
A vrai dire je ne tiens pas à représenter une échelle ou une clôture.
Ce qui m'importe c'est la tension, l'énergie qu'un tableau rayonne afin de toucher le contemplateur.
Une fois le tableau fini, je cherche le titre. J'invente des histoires, je cherche des associations convenables ou un mot, qui pourrait bien décrire le tableau.
Je ne m'accroche jamais au titre, étant donné que ma peinture est abstraite au sens large et la peinture abstraite permet toujours plusieurs interprétations. Je choisis l'interprétation qui me paraît la plus drôle, la plus particulière, la plus juste. Néanmoins je suis toujours ravi du fait, que quelqu'un trouve pour lui un nouveau titre en regardant un de mes tableaux.

Der Zaunkönig
Öl auf Leinwand, 85 x 90 cm, 1997

In the mood
Öl auf Leinwand, 68 x 52 cm, 2000

KLAUS BRANDNER

Der Steppenhüpfer
Öl auf Leinwand, 70 x 125 cm, 2001

KLAUS BRANDNER

Zeit

Es gibt Zeiten, da konzentriere ich mich voll und ganz auf meine Arbeit. Alles andere erscheint mir dann als unwichtig.
Essen, schlafen, Schuhe zubinden, aufs Klo gehen wird mir lästig, und ich empfinde es als Zeitverschwendung.
Mein ganzer Körper ist dann voll von Kreativität und hat „keine Zeit" sich mit diesen Dingen zu beschäftigen.
Zeit ist für mich etwas sehr Kostbares geworden. Gerne würde ich mir manchmal Stunden „borgen", um mehr Zeit für das zu haben, was mir wichtig erscheint.

Time

There are times when I concentrate entirely on my work. Everything else then seems to be irrelevant to me. Eating, sleeping, tieing up my shoelaces, going to the toilet gets to be a nuisance and I find it all a waste of time. My whole body is then full of creativity and has "no time at all" to bother with these petty things. Time has become very precious. I would gladly "borrow" a few hours occasionally in order to have more time for what appears to be important to me.

Temps

Il y a des périodes de temps durant lesquelles je me concentre complètement sur mon travail. Tout le reste me semble alors sans importance. Manger, dormir, lacer mes chaussures, aller aux toilettes commencent à m'embêter, et je ressens tout cela comme une perte de temps. Dans ces moments-là, tout mon corps est plein de créativité et n'a «pas le temps» de s'occuper de telles choses. Le temps est devenu quelque chose de très précieux pour moi. Parfois je voudrais bien «emprunter» des heures afin de gagner plus de temps pour ce qui me semble important.

Meeting
Öl auf Leinwand, 120 x 190 cm, 2000

Der Aufstieg
Öl auf Leinwand, 60 x 100 cm, 2001

Rotes T
Öl auf Leinwand, 55 x 65 cm, 1999

Das Hochzeitspaar
Öl auf Leinwand, 43 x 41 cm, 1999

Gipfelkonferenz
Öl auf Leinwand, 60 x 70 cm, 2000

Under the moon
Öl auf Leinwand, 33 x 41 cm, 2001

Horizont
Öl auf Leinwand, 65 x 75 cm, 2001

ICH
Ich male mein Leben.
Vom Anfang bis zum Ende.
Jedes meiner Bilder ist ein Selbstbildnis.
Eine Darstellung meines inneren Ichs.

Me
I paint my life.
From the beginning to the end.
Each of my paintings is a self-portrait.
A portrayal of myself deep down inside.

LE MOI
Je peins ma vie.
Du début à la fin.
Chacun de mes tableaux est un autoportrait.
Une image de l'intérieur profond de mon être.

Thron
Öl auf Leinwand, 50 x 60 cm, 1998

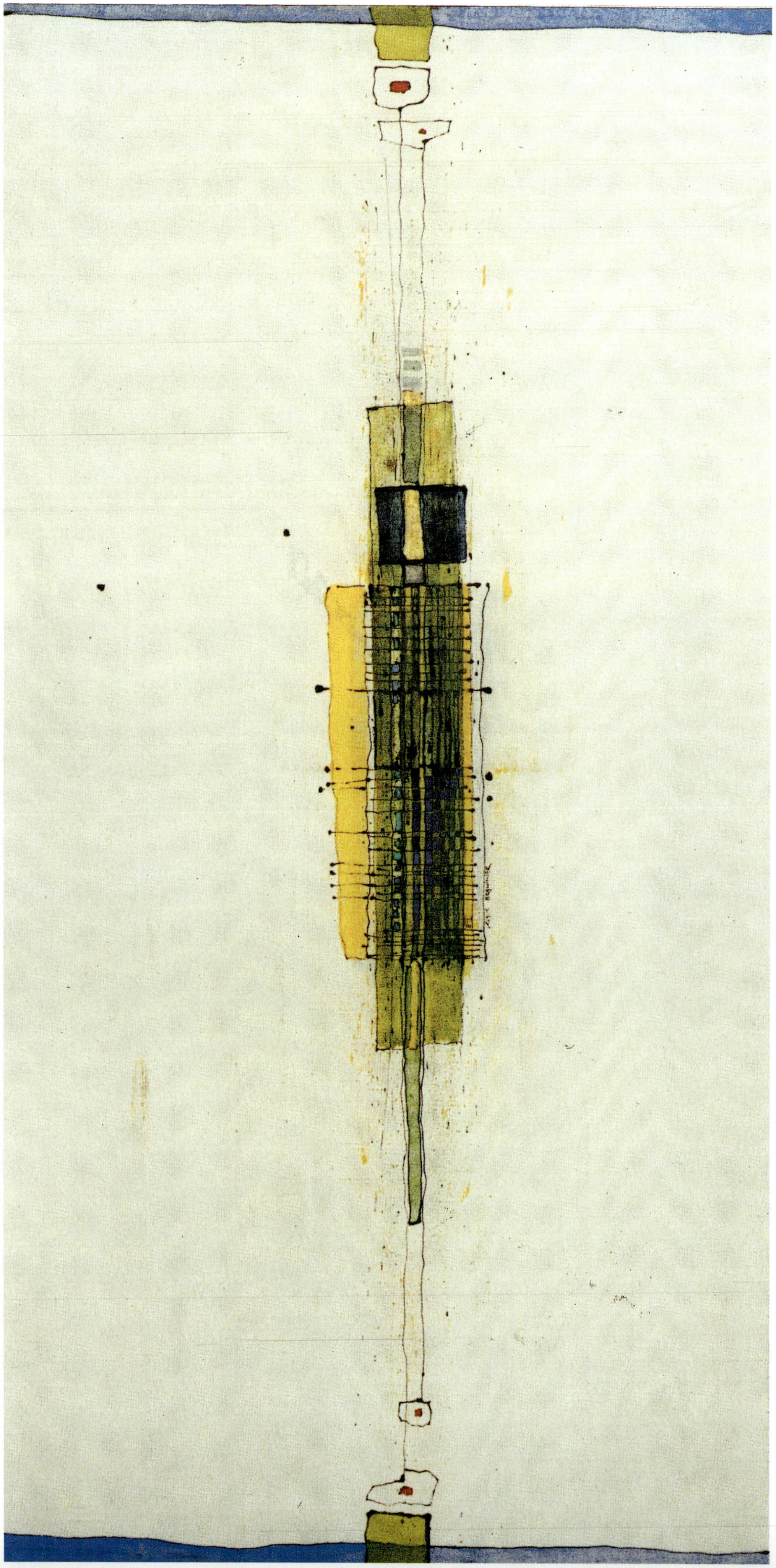

Beziehungsweise
Öl auf Leinwand, 70 x 140 cm, 1996

Candlelight
Original Serigrafie, 2001
Auflage: 200 EX + 20 EA, 19 x 53 cm

Königspaar
Öl auf Leinwand, 100 x 80 cm, 1998

Der Optimist
Öl auf Leinwand, 25 x 34 cm, 1998

Nachtspiegelung
Öl auf Leinwand, 42 x 45 cm, 2001

Doppellooping
Öl auf Leinwand, 90 x 100 cm, 1999

KLAUS BRANDNER

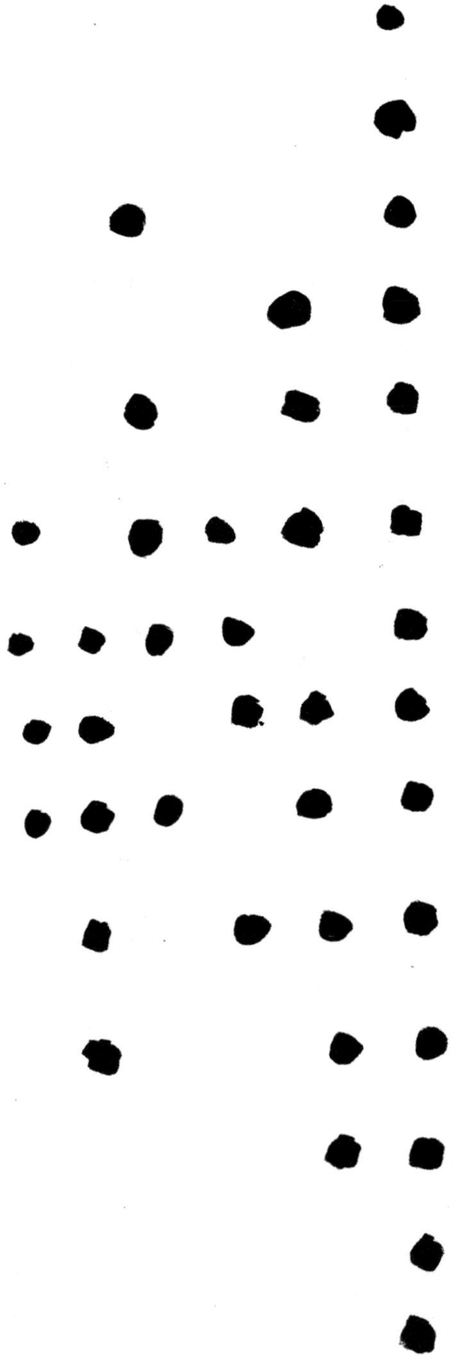

Herzblatt
Öl auf Leinwand, 100 x 110 cm, 2000

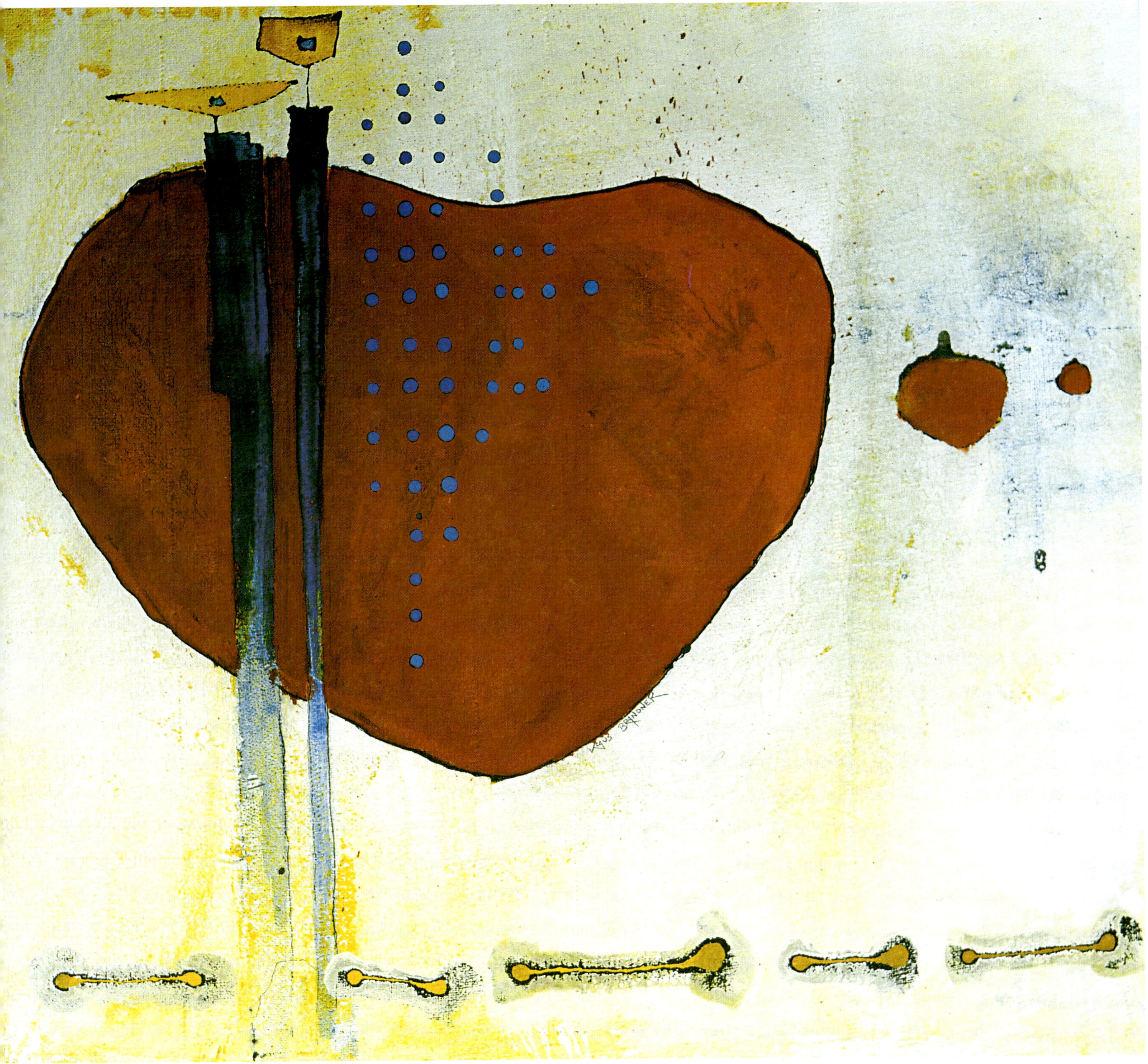

Waiting on a friend
Öl auf Leinwand, 43 x 62 cm, 2000

Walking in the rain
Öl auf Leinwand, 100 x 185 cm, 1999

Ich bin langsam

Ich liebe das Langsame, das Überlegte, das gut Durchdachte. Schon als Kind war ich immer der Langsamste. Ich wurde oft gehänselt, weil ich bei einem Witz erst viel später lachte als die anderen. Ich bin auch heute noch meistens der Letzte, der mit seinem Essen fertig wird.
Aber nicht weil ich mehr als die anderen esse, sondern weil ich glaube, daß es wichtig ist, sich Zeit zu lassen für die Dinge. Wenn ich etwas ganz genau verstehen will, brauche ich immer sehr viel Zeit.
Das wichtigste ist, zu wissen wohin man gehen will.
Wer langsam geht, geht sicher und wer sicher geht, geht weit.

I'm a slow kind of person.

I love taking things easy, doing things that are well thought out. Even as a child I was always the slowest. I was often teased because it took me longer than others to laugh at a joke. Even today, I am still usually the last to finish eating.
Not because I eat more than others, but because I think it is important to take enough time for certain things. If I want to understand something properly, I need a lot of time.
It is of great importance to know in which direction one wants to go.
He who takes it easy goes the safe way, and he who takes the safe way goes far.

Je suis lent

J'aime la lenteur, la réflexion et le raisonnement mûr. Comme enfant déjà j'étais toujours le plus lent. J'étais souvent taquiné lorsqu'en entendant une blague je me mettais à rire beaucoup plus tard que les autres. Même aujourd'hui je suis presque toujours le dernier à finir mon repas.
Mais ce n'est pas parce que je mange plus que les autres, c'est parce que je pense qu'il est important de se prendre le temps pour les choses. Si j'essaie de comprendre quelque chose profondément, il me faut toujours beaucoup de temps. L'important est de savoir dans quel direction on veut aller.
Qui marche lentement, marche sûrement et qui marche sûrement, marchera loin.

Poleposition
Öl auf Leinwand, 85 x 100 cm, 1998

Flucht nach vorne
Öl auf Leinwand, 100 x 140 cm, 2000

Abendmahl
Öl auf Leinwand, 110 x 130 cm, 1996

Goldene Mitte
Öl auf Leinwand, 39 x 34 cm, 1999

©93 KLAUS BRANDNER

Secret spirit
Öl auf Leinwand, 40 x 45 cm, 2000

KLAUS BRANDNER

Guten Tag Herr Nachbar
Öl auf Leinwand, 100 x 120 cm, 1998

Fliegender Teppich
Öl auf Leinwand, 65 x 75 cm, 2000

Im Licht der Sonne
Original Serigrafie, 1995
Auflage: 60 EX + 7 EA, 41 x 44 cm

Der Solist
Original Serigrafie, 1997
Auflage: 25 EX + 15 EA, 30 x 40 cm

758 KLAUS BRANDNER
IM LICHT DER SONNE 26/60

Familie

Original Serigrafie, 1996

Auflage: 60 EX + 5 EA, 28 x 33 cm

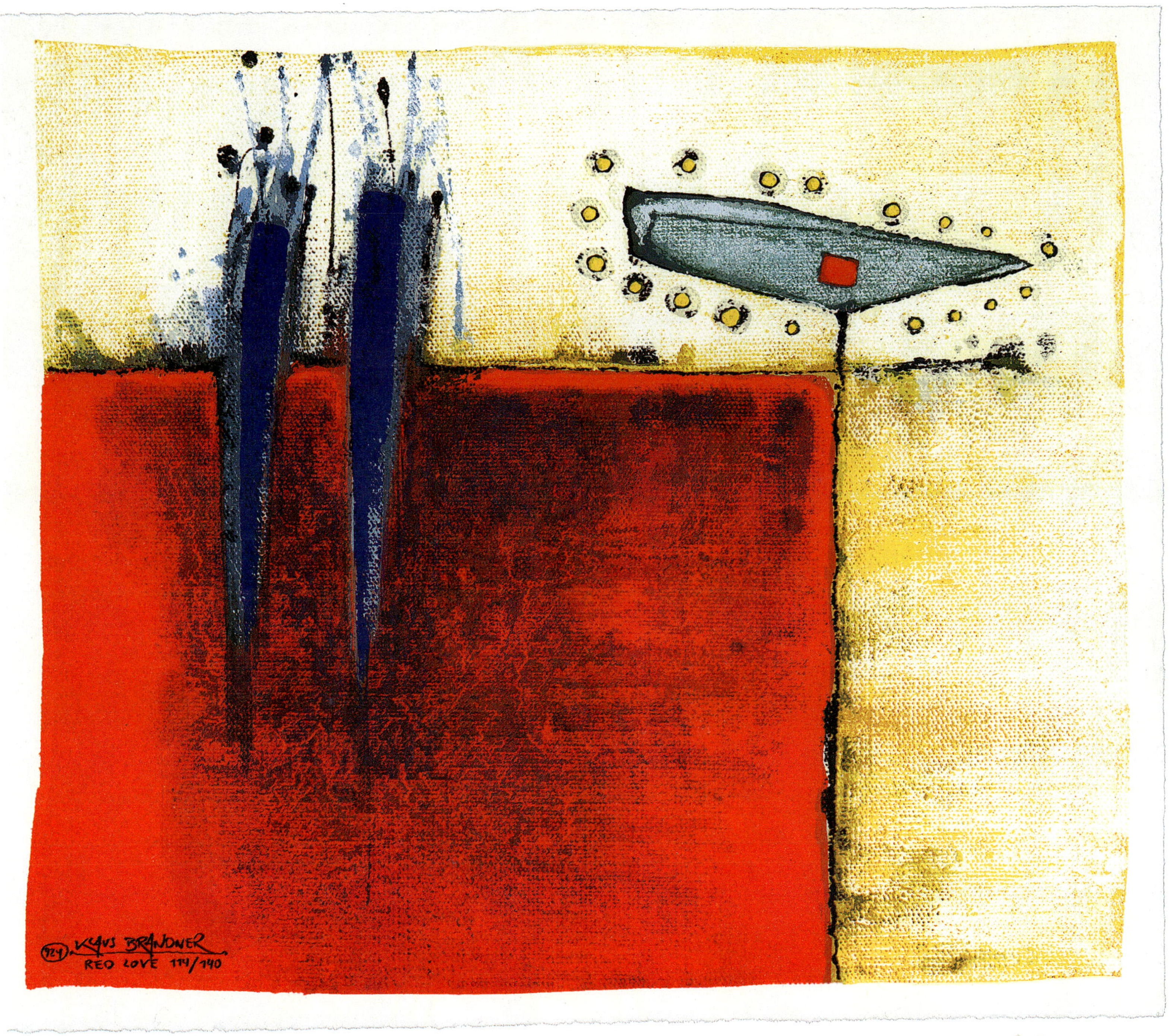

Red Love
Original Serigrafie, 1998
Auflage: 140 EX + 12 EA, 41 x 36 cm

Meditation

Man muss den Raum verdunkeln.
Nur die Leinwand wird beleuchtet.
Alles herum gerät in Vergessenheit.
Die Meditation beginnt.
Nur ich und das Bild – sonst gar nichts.
Ich befinde mich auf einer Reise.
Das Leben ist schön.

Meditation

The room has to be darkened.
Only the canvas is illuminated.
Everything else all around falls into oblivion.
Meditation starts.
Just me and the painting – other than that, nothing at all.
I'm on a journey.
Life is wonderful.

Méditation

Il faut obscurcir la pièce.
Seulement la toile est éclairée.
Tout ce qui est autour est voué à l'oubli.
La méditation commence.
Seuls moi et le tableau – rien d'autre.
Je me trouve sur un voyage.
La vie est belle.

Bright side of the moon
Original Serigrafie, 1997
Auflage: 75 EX + 8 EA, 57 x 79 cm

Die Serigrafie (Siebdruck)

Ich erstelle meine Grafiken (Serigrafien) in meiner eigens dafür eingerichteten Werkstätte.
Ich beginne damit, Folien zu bemalen, danach werden diese auf ein beschichtetes Sieb (feinmaschiges Gewebe, das über einen Rahmen gespannt ist) belichtet.
Beim Belichten wird die bemalte Folie zwischen ein beschichtetes Sieb und einer UV-Lichtquelle (Leuchttisch) gelegt. Das UV-Licht härtet die Beschichtung am Sieb aus. Nur jene Stellen, an denen die Zeichnung verhindert, dass Licht auf das Sieb gelangt, werden nicht ausgehärtet. An diese Stellen lässt sich anschließend die Beschichtung leicht ausschwemmen.
Diese Folien werden nach der Belichtung weiter bemalt und wieder belichtet, zum Teil kann auch die Farbe an gewissen Stellen weggekratzt werden, und immer wieder wird die neue Form belichtet. Der Vorgang kann sich an einer Folie bis zu fünfmal wiederholen. Das behandelte, getrocknete Sieb wird dann in eine Halterung eingespannt, das zu bedruckende Papier darunter gelegt. Verschiedene Stellen des Siebs sind nun durch die Beschichtung abgedeckt, manche offen, nämlich die Zeichnung.
Auf das Sieb kommt die gewünschte „Siebdruckfarbe", die dann mit einer „Rakel" durch die offenen Poren des Siebs gedruckt wird. Dieser Vorgang ist rein manuell. Es wird immer eine Farbe auf allen Blättern der Auflage gedruckt. Dann kommt die nächste Farbe dran, und wird wieder auf allen Blättern der Auflage gedruckt und so weiter. Meistens sind 20 bis 30 Druckdurchgänge notwendig, bis die fertige Grafik meinen Vorstellungen entspricht.
Während des Drucks kann auf die frische Farbe am Papier mit Stoffabdrücken oder Handabdrücken oder direkt auf das Sieb mit Lösungsmitteln, direkt auf den Erfolg eingewirkt werden.
Dadurch ergeben sich allerdings feine Unterschiede von einem Blatt zum anderen.
Vor dem Drucken einer Grafik wird das Bildmotiv grob bestimmt, die Feinheiten ergeben sich dann während des Arbeitens.
Zum Schluss erfolgt eine genaue Beschriftung auf der Rückseite jeden Blattes. Hier wird genau angeführt, wie die Grafik heißt, wie viele Farben verwendet wurden, Datum, Auflage, Größe und Signatur. An der Vorderseite wird die Grafik handsigniert und nummeriert. Die Auflagen sind immer limitiert, das heißt, durch die Nummerierung gibt es eine Kontrolle, damit nicht mehr Grafiken existieren, als angegeben.
Nach Beendigung des Druckverfahrens werden die Siebe gelöscht und gereinigt.

Two together
Original Serigrafie, 1997
Auflage: 85 EX + 7 EA, 43 x 57 cm

Der Tagträumer
Original Serigrafie, 2000
Auflage: 185 EX + 12 EA, 57 x 60 cm

KLAUS BRANDNER
„DER TAGTRÄUMER" 27/185

Screen Print (Serigraphy)

I prepare my prints (serigraphy) in my specially equipped workshop.

First of all I start to paint the foils, then they are exposed on a coated screen (a fine-meshed fabric that is stretched over a frame). During the exposing process the foil is put between a coated screen and an ultraviolet source of light. The UV light hardens the coating on the screen. Only those spots where the painting prevents the light getting onto the screen are not hardened. Afterwards, on these spots the coating can easily be washed off. Painting is resumed on these foils after the exposure and then they are exposed once again. The colour can be partly scratched off on certain spots and the new form is exposed over and over again. This process can be repeated on one foil up to 5 times. The treated, dried screen is then clamped into a fixture, the paper that is to be printed is put underneath. Various parts of the screen are now covered up by the coating, some however are open, namely those parts of the drawing. The required "screen print colour" is applied to the screen and is then pressed through the open pores of the screen by means of a "squeegee" (a wooden handle with a rubber pad) . This process is done by hand. One colour is always printed on all sheets of the edition. Then the next colour is applied and is once again printed on all sheets of the edition. And so forth. Usually 20 to 30 printing rounds are necessary until the completed print is the way I had visualized it to be. On the wet colour on the paper during the printing process, the results can be influenced by means of fabric imprints or hand imprints or by dripping solvents directly onto the screen. This way subtle differences are achieved from one sheet to the other. Before processing a print the motive of the painting is roughly determined, the finer points arise during the actual work.

Finally, each sheet is labelled on the back. This includes the name of the print, how many colours were used, the date, the edition, the size and signature. At the front, the print is hand-signed and numbered. The editions are always limited, that means that the numbering verifies that there are no more prints than stated. After the printing process the screens are wiped off and cleaned.

La sérigraphie

Je produis mes graphiques (sérigraphies) dans mon atelier technique que j'ai spécialement équipé à cet égard.

Je commence par peindre des feuilles, puis celles-ci sont exposées sur un crible disposé en couches (texture à mailles fines qui est tendue sur un cadre). Durant l'exposition la feuille peinte est placée entre un crible disposé en couches et une source de lumière UV (table luminescente). La lumière UV fait durcir les couches sur le crible. Seuls les endroits où le dessin empêche la lumière d'entrer sur le crible, ne durcissent pas. A ces endroits-là, les couches peuvent ensuite être facilement estompées. Après l'exposition, ces feuilles sont peintes encore une fois, puis à nouveau exposées. A des endroits précis, la couleur peut en partie aussi être grattée, et la nouvelle forme continue à être exposée.

Ce procédé peut se répéter sur une feuille jusqu'à 5 fois. Ensuite le crible traité et séché est fixé dans un peigne, et le papier à imprimer est posé en dessous. Différents endroits du crible sont alors couverts par les couches, quelques-uns sont ouverts, le dessin en particulier.

La «couleur de sérigraphie» voulue est mise sur le crible. Elle est pressée à travers les pores ouverts du crible avec une racle. Ce procédé est strictement manuel. C'est toujours une couleur qui est pressée sur toutes les feuilles de la surface d'appui. Après, c'est la couleur suivante qui est passée à nouveau sur toutes les feuilles de la surface d'appui et ainsi de suite. La plupart du temps, il faut 20 à 30 passages jusqu'à ce que le graphique fini me convienne. La réussite de la sérigraphie peut être immédiatement influencée par des empreintes textiles ou de la main sur la couleur fraîche au papier ou l'utilisation de solvants directement sur le crible. Ceci crée toutefois de légères différences d'une feuille à l'autre. Avant l'impression d'un graphique, le motif du dessin est déterminé en gros alors que les détails sont réalisés au cours du travail. A la fin, le dos de chaque feuille est pourvu d'une inscription précise. Celle-ci comprend le nom du graphique, le nombre de couleurs utilisées, la date, le tirage, les dimensions et la signature. Sur le recto, le graphique est signé à la main et numéroté. Les tirages sont toujours limités, c'est-à-dire que grâce à la numérotation il y a un contrôle pour qu'il n'existe pas plus de graphiques qu'inscrits.

Après la terminaison du procédé d'impression, les cribles sont effacés et nettoyés.

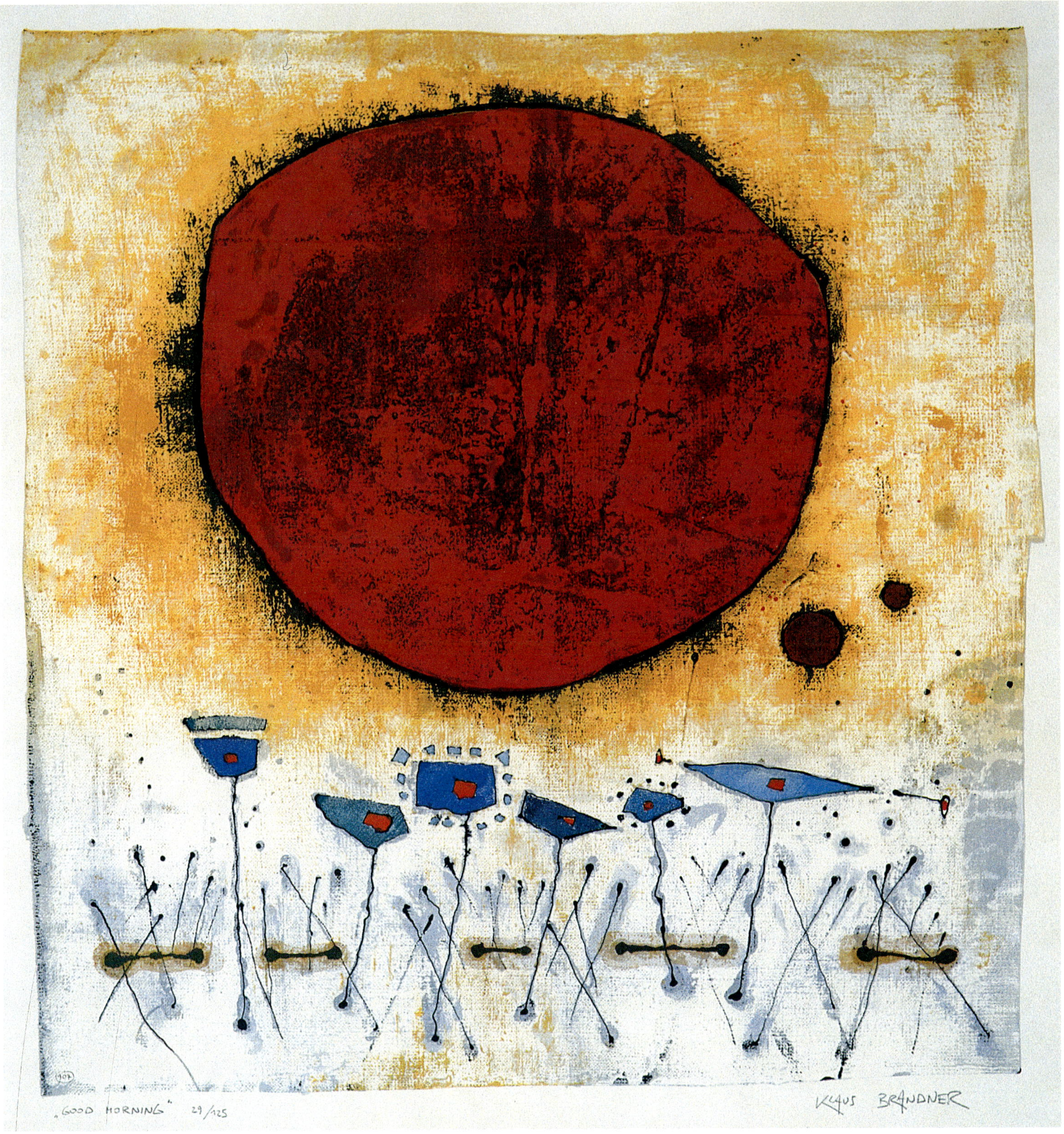

Good morning
Original Serigrafie, 1997
Auflage: 125 EX + 5 EA, 56 x 60 cm

Knocking on heaven's door
Original Serigrafie, 1998
Auflage: 140 EX + 15 EA, 57 x 67 cm

Mondsüchtig
Original Serigrafie, 2000
Auflage: 125 EX + 12 EA, 47 x 57 cm

KLAUS BRANDNER
„MONDSÜCHTIG“ 15/125
1043

Hello Yellow
Original Serigrafie, 1998
Auflage: 140 EX + 10 EA, 44 x 48 cm

Der Denker
Original Serigrafie, 1997
Auflage: 70 EX + 5 EA, 57 x 73 cm

Springtime
Original Serigrafie, 2000
Auflage: 85 EX + 10 EA, 57 x 72 cm

Herzklopfen
Original Serigrafie, 2000
Auflage: 260 EX + 20 EA, 21,5 x 23 cm

Picknick im Grünen
Original Farbradierung, 2000
Auflage: 400 EX + 50 EA, 40 x 48 cm

1084

Tabledance
Öl auf Leinwand, 60 x 55 cm, 1999

Arielle die Mehrjungfrau
Öl auf Leinwand, 35 x 29 cm, 1998

Der Wetterfrosch
Öl auf Leinwand, 60 x 70 cm, 1999

Bring me to the station
Öl auf Leinwand, 45 x 130 cm, 2001

Miteinander
Öl auf Leinwand, 50 x 60 cm, 2001

Auf Athos, Griechenland 1995

Himmelsstürmer
Öl auf Leinwand, 35 x 110 cm, 1999

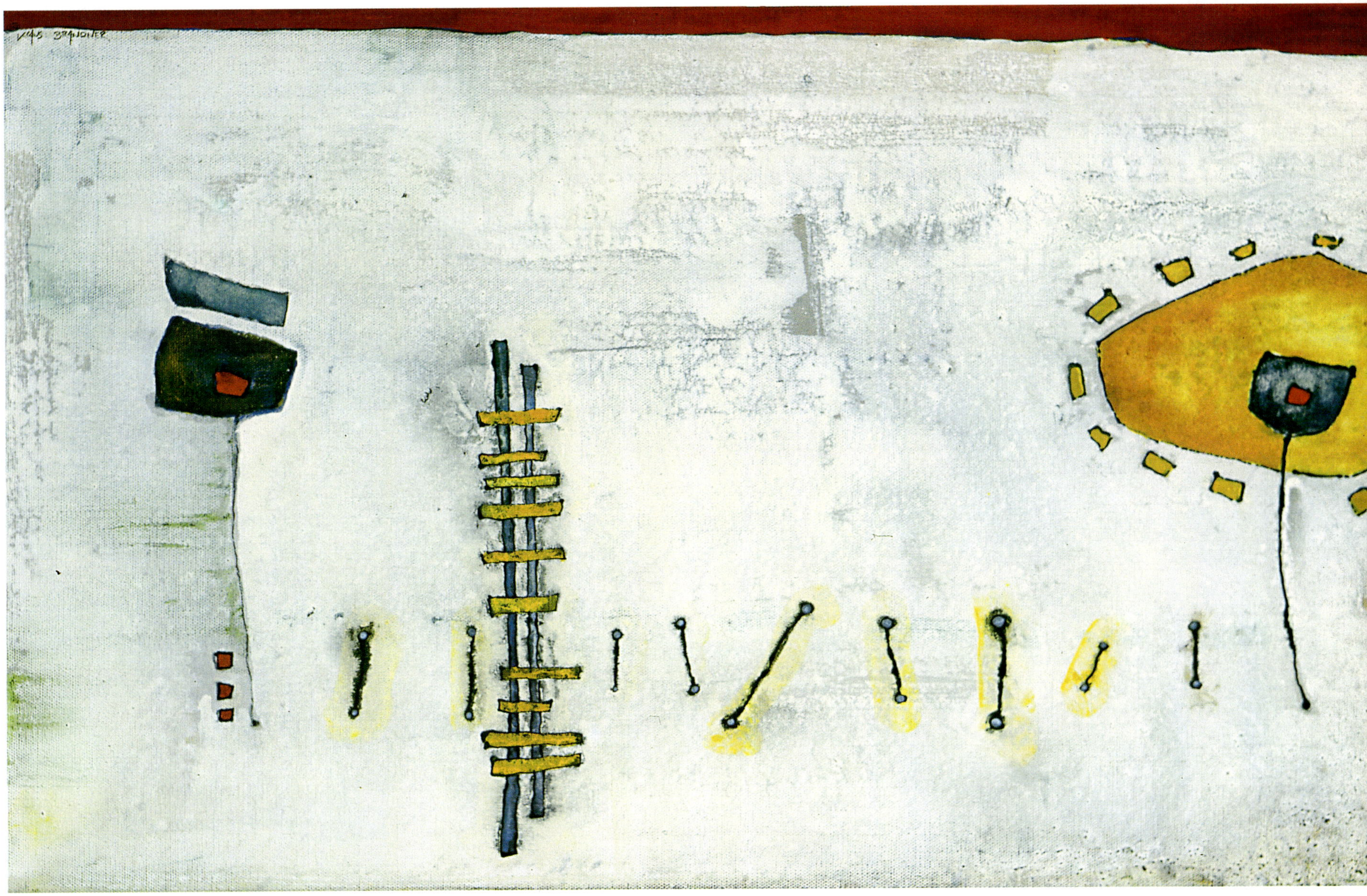

Der Weg von dir zu mir
Öl auf Leinwand, 60 x 95 cm, 2000

Erscheinungen
Öl auf Leinwand, 39 x 52 cm, 1998

Jeden Tag eine gute Idee

In der Werkstätte oder im Atelier bin ich ständig damit konfrontiert, dass irgendetwas nicht passt. Der Bohrer ist zu dick oder das Holz ist zu dünn oder der Karton zu klein. Es geht sich ums berühmte .... nicht aus. Entweder man verzweifelt oder man holt sich aus dem Spezialgeschäft, das natürlich am anderen Ende der Stadt liegt, diesen einen bestimmten Teil. Dieser kostet dann wieder viel Geld und viel Zeit. Beides bin ich nicht bereit unnütz zu verschleudern. Also was macht man nun in dieser Situation?
Man lässt sich eine gute Idee einfallen. Man nimmt statt des richtigen Bohrers einen falschen und installiert nicht so wie geplant, sondern eben anders, kommt dabei drauf, dass es so eigentlich viel besser funktioniert, man nimmt statt des Holzes einen Karton, denn der ist gerade in der passenden Größe da, und statt des Kartons nimmt man dickeres Papier, und man staune, es hat ja so viel weniger Gewicht. Weil mir solche Situationen täglich mehrmals passieren, hab ich mir angewöhnt einfach eine gute Idee zu haben. Das ist ganz einfach, sie muss einem nur einfallen, und ich bin schon längst mit meinem Stück fertig, wo ein anderer sich gerade im Spezialgeschäft, auf der anderen Seite der Stadt, mit dem Verkäufer herumärgert, weil dieser das Gewünschte leider nicht lagernd hat.

A Good Idea Each and Every Day

In the studio or in the atelier I am constantly faced with things going wrong. The drill is either too big, the wood is too thin or the cardboard is too small. Maybe it's only a matter of a few minor details, but it either drives you mad or you have to go and get this particular part from a special shop, which is naturally located at the other end of town. This obviously costs money and is also very time-consuming. I am not willing to squander either of them unnecessarily. So what can be done in this kind of situation? You need a good idea. Instead of the right drill the wrong one is used and the installation is carried out in a different way as originally planned, and suddenly it dawns on you that it is actually better this way. Cardboard is used instead of the wood because the cardboard is on hand in the suitable size and instead of the cardboard a thick piece of paper is applied and it is amazing, it even weighs less.
Because I am confronted with this kind of situation every day, I have got into the habit of simply getting a good idea. This is really easy, it just has to occur to you and as a consequence my piece of work was finished long ago, while someone else would just be in that special shop at the other end of town getting annoyed with the shop assistant because he unfortunately does not have the required item in stock.

Chaque jour une bonne idée

Dans la pièce de travail technique ou dans mon atelier je suis constamment confronté avec la possibilité que quelque chose peut faire défaut. La perceuse est trop grosse ou le bois est trop fin ou le carton est trop petit. C'est le fameux ... qui fait rater. Soit on désespère ou on va chercher dans le magasin spécial, qui se trouve bien évidemment à l'autre bout de la ville, cette pièce particulière.
Celle-ci coûte de nouveau beaucoup d'argent et beaucoup de temps. Or, je ne suis pas prêt à dépenser ni l'un ni l'autre en vain.
Alors, que fait-on dans une telle situation?
On songe à avoir une bonne idée. Au lieu de la bonne perceuse on prend la mauvaise et ne l'installe pas comme prévu, mais différemment, et découvre qu'ainsi cela fonctionne beaucoup mieux. Au lieu du bois on prend du carton, qui se trouve d'être là en largeur adéquate, et au lieu du carton on prend du papier plus gros, et on s'étonne qu'il pèse beaucoup moins.
Du fait que je me trouve dans de telles situations plusieurs fois par jour, je me suis habitué à songer à avoir une bonne idée. Ceci est très facile, il faut juste la trouver, et j'aurai déjà depuis longtemps fini ma pièce alors qu'un autre est encore en train de se fâcher au magasin spécial à l'autre bout de la ville, parce que le vendeur n'a malheureusement pas l'élément voulu en stock.

Die Aufstiegsleiter
Öl auf Leinwand, 120 x 120 cm, 1998

Der Regenmacher
Öl auf Leinwand, 42 x 48 cm, 1999

Blaue Sonne, roter Mond
Öl auf Leinwand, 40 x 48 cm, 1999

KLAUS BRANDNER

Lanzarote 1993

Running up that hill
Öl auf Leinwand, 85 x 55 cm, 1999

KLAUS BRANDNER

In der Manege
Öl auf Leinwand, 1999
33 x 37 cm

Trance

Wenn ich in mein Atelier gehe und die Türe hinter mir schließe, vergesse ich die Welt da draußen, und ich tauche ein in mein Universum, meine Welt der Farben und der Linien, in die der Flächen und Strukturen. Wenn ich mein Universum dann verlassen muss, schwirren mir noch lange meine Figuren im Kopf herum. Ich kann mich dann nur schwer auf die Erzählungen anderer Leute konzentrieren, da brauche ich erst eine Weile, um mich zu sammeln. Ich wirke dann sehr langsam und komme erst nach einer Zeit in Schwung, manchmal kann ich mich gar nicht lösen, und verschwinde wieder in meinem Atelier.

Trance

When I go into my atelier and close the door behind me I forget the world outside and immerse in my own universe, my world of colours and lines, in the world of patterns and structures. If I have to leave my universe for some reason, my figures still spin round in my head. I can hardly concentrate on the conversation of other people and it takes quite some time to collect my thoughts. I then appear to be very lethargic and it takes a while to get going. Sometimes I can hardly free myself of my thoughts and disappear again into my atelier.

Trance

Lorsque je vais dans mon atelier et que je ferme la porte derrière moi, j'oublie le monde à l'extérieur. Je me plonge dans mon univers, mon monde de couleurs et de lignes, de plans et de structures. Alors, quand je dois quitter mon univers, mon esprit est encore longtemps envahi par mes figures. Dans ces cas-là, j'ai du mal à me concentrer sur les récits d'autres personnes, j'ai besoin d'un certain temps pour reprendre mes esprits. Je donne alors l'impression d'être très lent et ne suis capable de retrouver mon élan qu'après quelque temps. Parfois, je n'arrive pas à m'en défaire, et je préfère disparaître de nouveau dans mon atelier.

Fata Morgana
Öl auf Leinwand, 100 x 110 cm, 2001

Kontakt
Öl auf Leinwand, 85 x 110 cm, 1995

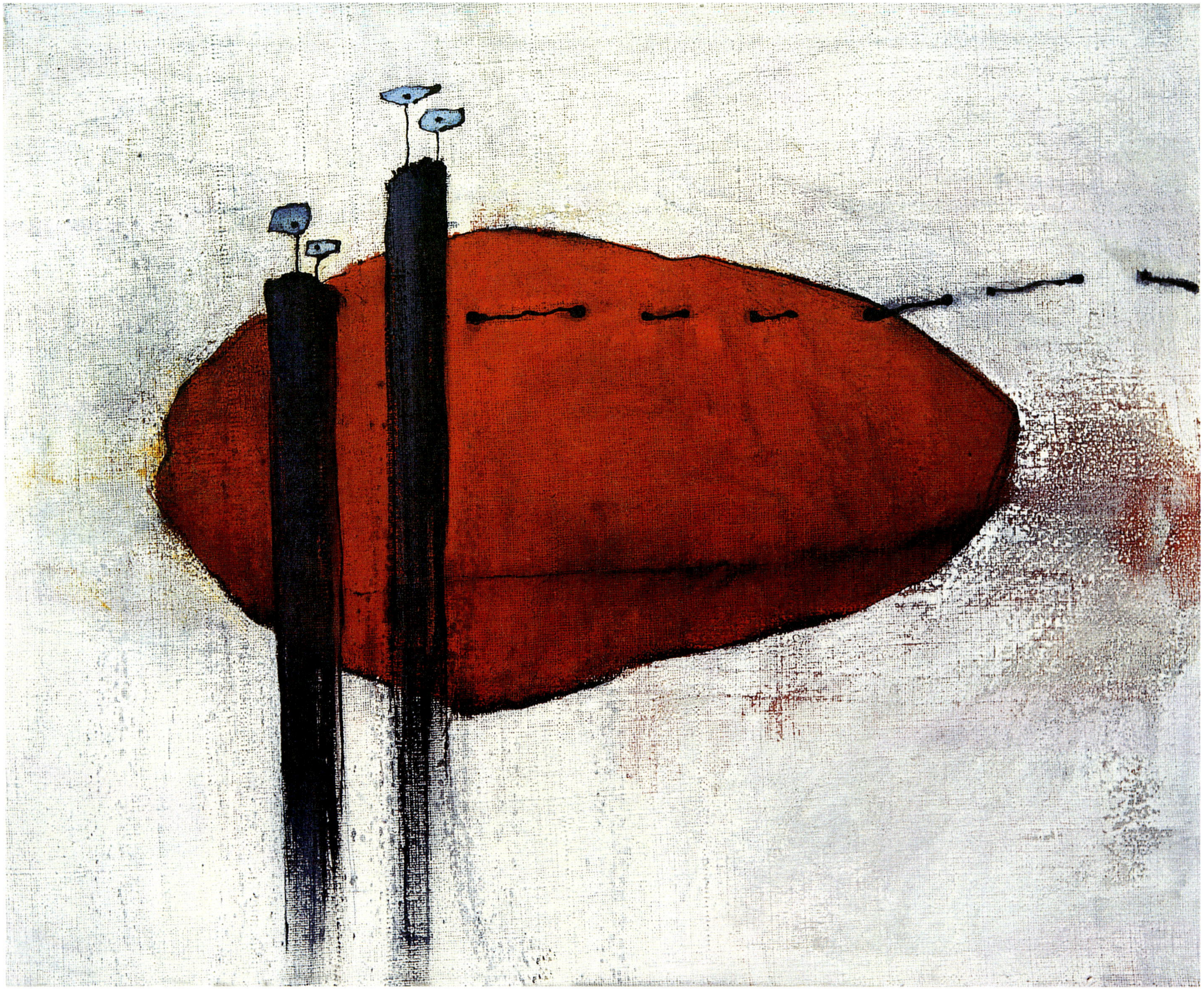

Australia
Öl auf Leinwand, 90 x 110 cm, 1996

Winterschlaf
Öl auf Leinwand, 39 x 44 cm, 2001

Einfach zum nachdenken
Öl auf Leinwand, 85 x 100 cm, 1999

Das große Plus
Öl auf Leinwand, 120 x 120 cm, 2001

Catch a fire
Collage, Öl auf Papier, Holz, Leinen
44 x 48 cm, 1999

Geld

Viele glauben, dass sich Künstler nichts aus Geld machen, dass es ihnen egal ist, ob sie „reich" sind oder nicht.
Bei mir trifft das nicht zu, Geld ist für mich sehr wichtig. Ich brauche das Geld um meine Ideen verwirklichen zu können.
Wenn ich eine gute Idee habe und sie nicht realisieren kann, weil nicht genug Geld in meinem Besitz ist, ist das sehr schade, denn die Idee wird dann „nur" eine Idee bleiben. Nie aber in meinem Leben ist Geld das Wichtigste.
Weitergeholfen hat mir immer nur mein Einfallsreichtum. Reichtum an Ideen ist mir viel lieber als Reichtum an Geld.
Gemeinsam sind sie jedoch eine gelungene Kombination, die mir ermöglicht, so zu leben wie ich möchte und mir ein gewisses Maß an Freiheit erlauben.

Money

A lot of people think that artists don't care much about money, that it doesn't make any difference whether they are "rich" or not. This does not apply to me, for me money is very important. I need the money to be able to realize my ideas.
If I have a good idea and I can't realize it because I haven't got enough money then I think this is a great pity because the idea will "merely" continue to be an idea. However, money has never been the most important thing in my life. Only my imaginativeness has somehow helped me along. I'd rather have an abundance of ideas than wealth. Both of them together however are an effective combination that enable me to live the way I want to live and allow a certain degree of freedom.

Argent

Beaucoup de gens croient que l'argent n'a aucune importance aux yeux des artistes, qu'ils s'en moquent d'être «riches» ou non. Ceci n'est pas le cas en ce qui me concerne, car l'argent est très important pour moi. J'ai besoin d'argent afin de réaliser mes idées. Si j'ai une bonne idée, mais que je ne peux pas la réaliser pour cause de manque d'argent, c'est terrible, car l'idée ne restera «seulement» qu'une idée. Ceci dit, l'argent n'est jamais ce qui compte le plus dans ma vie.
Ce n'est que ma richesse en idées qui m'a toujours fait avancer. Je préfère de loin la richesse en idées à la richesse en argent. Par contre, les deux ensemble sont la combinaison idéale, qui me donne la possibilité de vivre comme je le sens et qui m'accorde un certain degré de liberté.

◀ Traumtänzer
Öl auf Leinwand, 45 x 50 cm, 2000

Am Ende des Traums
Öl auf Leinwand, 60 x 70 cm, 1999

Bei Tisch
Öl auf Leinwand, 100 x 125 cm, 1995

Come together
Öl auf Leinwand, 97 x 130 cm, 1996

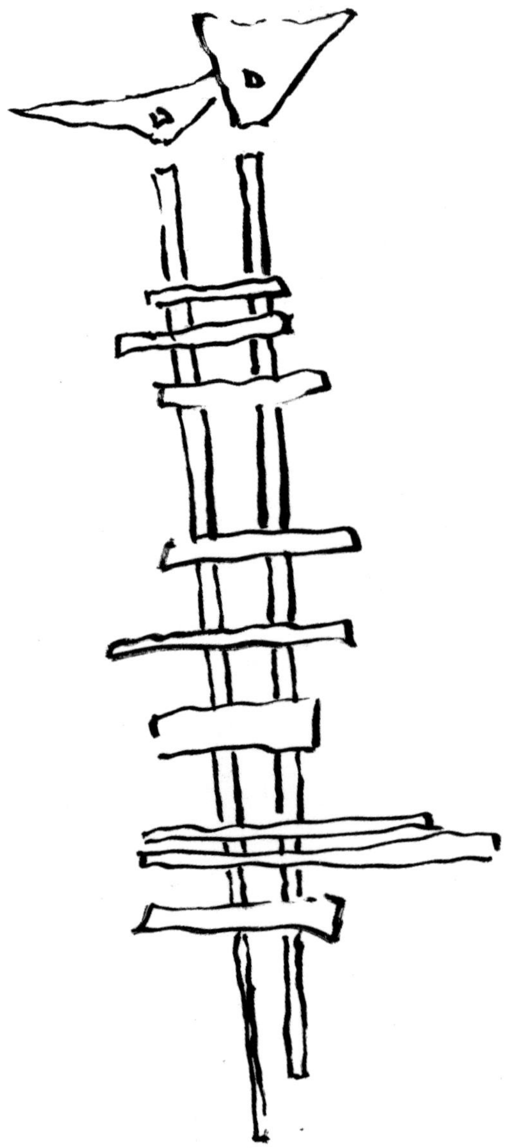

Im Mondenschein
Öl auf Leinwand, 29 x 33 cm, 2000

(1054) KLAUS BRANDNER

Cres, Kroatien 1999

Gelber Mond
Öl auf Leinwand, 25 x 21 cm, 2001

Der lange Weg zu dir
Öl auf Leinwand, 45 x 130 cm, 2000

Tanz der Glühwürmchen
Öl auf Leinwand, 100 x 140 cm, 2000

KLAUS BRANDNER

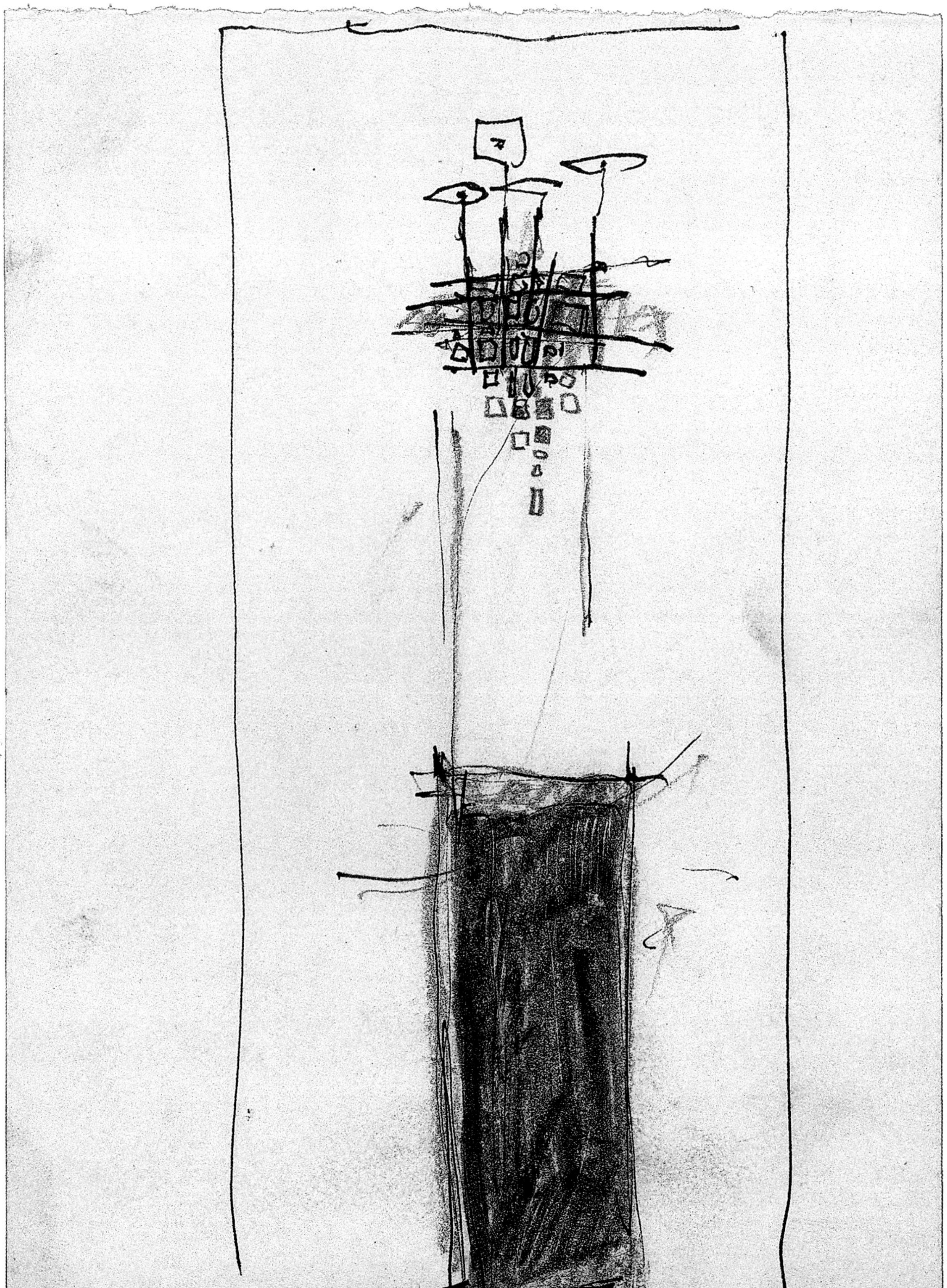

Am Wasserturm

Original Serigrafie, 1998

Auflage: 130 EX + 10 EA, 37 x 72 cm

Blaue Erde
Original Serigrafie, 1998
Auflage: 140 EX + 10 EA, 43 x 53 cm

Das Prinzenpaar
Original Serigrafie, 2000
Auflage: 185 EX + 15 EA, 36 x 41 cm

Jazz
Original Farbradierung und Serigrafie, 1995
Auflage: 65 EX + 8 EA, 38 x 57 cm

Der Regentropfenzähler
Öl auf Leinwand, 39 x 38 cm, 1999

KLAUS BRANDNER

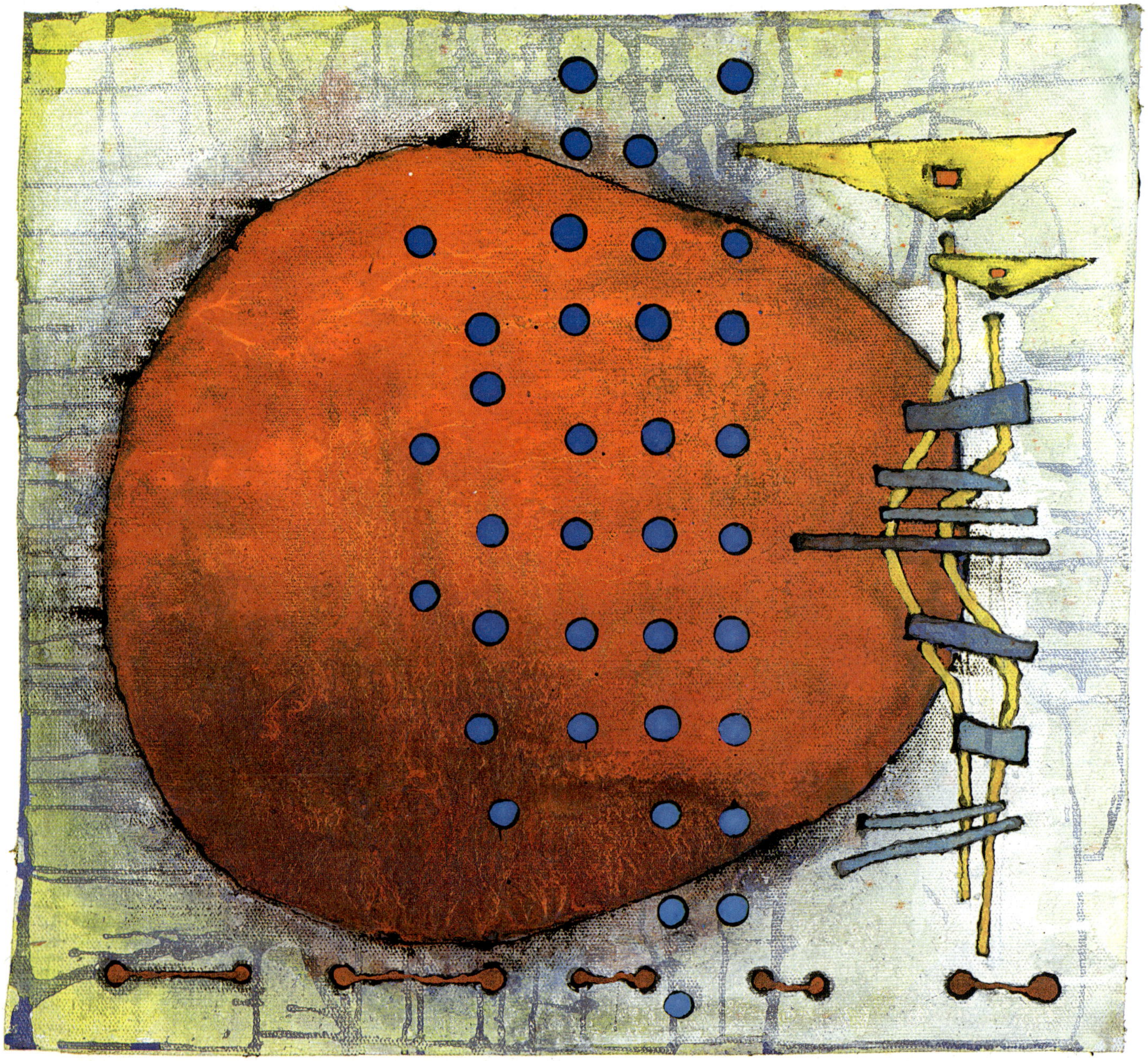

Der Sonne entgegen
Öl auf Leinwand, 40 x 43 cm, 2001

◀ Sommerliebe
Original Serigrafie 1997
Auflage: 85 Ex + 15 EA, 43 x 55 cm

Friends
Öl auf Leinwand, 39 x 44 cm, 2001

Strandläufer
Öl auf Leinwand, 45 x 50 cm, 2000

Der Sonnentanz
Öl auf Leinwand, 70 x 80 cm, 1999

Caravane
Öl auf Leinwand, 80 x 120 cm, 2000

Die Rätselburg
Öl auf Leinwand, 47 x 44 cm, 2001

Mairegen
Öl auf Leinwand, 40 x 48 cm, 2001

Paulchen Panther
Öl auf Leinwand, 100 x 150 cm, 1996

Nach dem Regen
Öl auf Leinwand, 80 x 110 cm, 2000

Dancing on top
Öl auf Leinwand, 90 x 110 cm, 2000

Tower of love
Öl auf Leinwand, 80 x 120 cm, 2000

Das zerbrochene Herz
Öl auf Leinwand, 65 x 75 cm, 2000

KLAUS BRANDNER

In einem Lavafeld auf Lanzarote, 1992

◀ Der Ausschnitt
Öl auf Leinwand, 48 x 58 cm, 1996

Der Regenmacher
Öl auf Leinwand, 55 x 60 cm, 2000

BRANDNER

Sonnenregen
Öl auf Leinwand, 90 x 125 cm, 2000

Wenn der Regen fällt
Öl auf Leinwand, 37 x 50 cm, 1999

KLAUS BRANDNER

Vision
Öl auf Leinwand, 130 x 165 cm, 1998

Live in concert
Öl auf Leinwand, 100 x 140 cm, 1999

Licht im Dunkel
Öl auf Leinwand, 60 x 50 cm, 2000

Mit der Kraft der Erde
Öl auf Leinwand, 60 x 50 cm, 1998

KLAUS BRANDNER

◀ Das Gespräch
Öl auf Leinwand, 55 x 50 cm, 1999

Kommunikation
Öl auf Leinwand, 60 x 70 cm, 2000

KLAUS BRANDNER

Sternschnuppenschaun
Öl auf Leinwand, 55 x 60 cm, 2000

Viel Schnee
Öl auf Leinwand, 55 x 60 cm, 1998

Abendrot
Öl auf Leinwand,48 x 64 cm, 2001

Coming home
Öl auf Leinwand, 75 x 80 cm, 2000

Die Jakobsleiter
Öl auf Leinwand, 45 x 100 cm, 2000

Tischlein deck dich
Öl auf Leinwand, 60 x 65 cm, 2000

KLAUS BRANDNER

Poolparty
Öl auf Leinwand, 100 x 120 cm, 1999

BRANDNER

Im Regen stehen
Öl auf Leinwand, 39 x 49 cm, 2001

Flug der Feen
Öl auf Leinwand, 90 x 100 cm, 1998

Klarinettensolo
Öl auf Leinwand, 25 x 43 cm, 1998

Atelier

Ich habe immer schon von einem großen Atelier geträumt. Es hat 15 Jahre gedauert, bis ich mir endlich diesen Wunsch erfüllen konnte.

Meine ersten Ateliers waren winzige Kämmerchen, in denen ich arbeitete und wohnte, ohne Warmwasser, und im Winter war es immer kalt.

Badezimmer gab es nicht, und so habe ich im Sommer oder auch schon oft im Frühling einen Plastikbehälter mit Wasser gefüllt und ihn tagsüber auf die Dachrinne meines Ateliers in die Sonne gehängt. Am Abend, als es dunkel war, konnte ich dann duschen.

Im Winter war das etwas schwieriger. Ich glaube, ich habe in dieser Zeit im Winter etwas streng gerochen, um nicht zu sagen, dass ich furchtbar gestunken habe.

Ich war finanziell sehr arm und hatte nur wenig Geld zum Leben. Trotzdem hatte ich nie das Gefühl, arm zu sein. Ich hatte meine Malerei, etwas Brot und Oliven, und vor allem hatte ich Eltern, die mir sehr geholfen haben. Das reichte mir vollkommen.

Später lebte ich in einem kleinen Häuschen, wo es Warmwasser und eine Dusche im Haus gab, aber mein Arbeitsraum war nur ca. 3 x 5 Meter groß. Wenn interessierte Leute in mein Atelier kommen wollten, musste ich sie bitten, nur einzeln einzutreten, denn mehr als zwei Personen hatten einfach nicht Platz. In diesen Jahren wünschte ich mir wirklich ein schönes großes Atelier.

Mein nächstes Atelier war ein ausgebauter Heuschuppen. Die Ausmaße betrugen immerhin schon 7 x 4 Meter, aber dafür hatte ich kein besonders gutes Licht zum Arbeiten. Erst Jahre später, als sich immer mehr Galerien für meine Bilder interessierten und sich auch allmählich ein gewisser finanzieller Erfolg einstellte, konnte ich ernsthaft an die Planung und auch Realisierung meines neuen großen Ateliers gehen.

Im Sommer und Herbst 1999 habe ich mir mein „Traumatelier" gebaut. Es misst nun 160 m^2 aus, und die Werkstätten dazu noch einmal 130 m^2. Hier kann ich endlich so arbeiten wie ich es mir immer vorgestellt habe. Ich habe genug Licht und ich habe es warm durch meinen Kachelofen, es ist gemütlich, und geräumig. Es können nun auch viele Leute auf einmal in mein Atelier kommen, und ich muss niemanden mehr bitten einzeln einzutreten

Atelier

I always dreamt of a big atelier. It took 15 years until I could finally make this dream come true. My first ateliers were tiny rooms where I worked and lived without hot water and where it was very cold in the winter. There was no bathroom and therefore during the summer months and even sometimes in the spring I used to fill up a plastic bucket with water and hang it up in the sun on the gutter of my atelier.

In the evening when it got dark I could then take a shower. In the winter it was a bit more difficult to have a decent wash. I must admit, during this time I smelt quite bad, that's putting it mildly, I stunk terribly. I was badly off financially and had hardly any money to live, although I never really had the feeling of being poor. I had my painting, some bread and olives and above all I had parents who really helped me. That was more than enough for me.

Later on I lived in a small house with hot water and a shower but my workroom was not larger than approx. 3 x 5 meters. When people who were interested in my work wanted to visit me I had to ask them to enter one at a time, because there just wasn't enough room for more than two persons. It was during those years that I really longed for a lovely, big atelier.

My next atelier was a converted hay shed which at least had the size of 7 x 4 meters. However there was hardly enough light to work with. Not until years later, at a time when more and more galleries were showing interest in my paintings and my finances were gradually improving, could I seriously consider planning and realizing a new large-scale atelier.

In the summer and autumn of 1999 I built my "Dream Atelier". The actual atelier has 160 m^2 and the workshops additional 130 m^2. Here, I can work at long last in a way I had always imagined. I have enough light and my tiled stove keeps it warm, it's comfortable and spacious. Now many people can visit my atelier at once and I don't have to ask them to come in one at a time any more.

Atelier

Depuis toujours j'ai rêvé d'un grand atelier. J'ai mis 15 ans jusqu'à pouvoir enfin réaliser ce vœu. Mes premiers ateliers étaient des chambres minuscules dans lesquelles je travaillais et dans lesquelles j'habitais, sans eau chaude, et en hiver il faisait toujours froid.
Il n'y avait pas de salle de bain, alors en été, ou souvent déjà au printemps, je remplissais un récipient en plastique avec de l'eau et le suspendais la journée sur la gouttière de mon atelier au soleil. Le soir venu, je pus ainsi prendre une douche.
En hiver ce fut un peu plus difficile. Je crois qu'à cette époque je n'ai pas dû sentir très bon en hiver, pour ne pas dire que je puais affreusement.
Ma situation financière était précaire, je n'avais que très peu d'argent pour vivre. Malgré tout cela, je n'avais jamais le sentiment d'être pauvre. J'avais ma peinture, un peu de pain et des olives, et avant tout j'avais des parents qui m'ont beaucoup aidé. Cela me suffisait largement.
Plus tard je vivais dans une petite maison, où il y avait déjà de l'eau chaude et une douche, mais ma pièce de travail n'avait qu'à peu près 3 x 5 mètres. Lorsque des gens intéressés voulaient venir dans mon atelier, je devais leur demander de n'entrer qu'un par un, puisqu'il n'y avait tout simplement pas assez de place pour deux. Durant ces années-là, je ressentais le désir d'avoir un joli et grand atelier.
Mon atelier suivant était un grenier à foin aménagé. Sa grandeur était déjà 7 x 4 mètres, mais en revanche, je ne disposais pas d'une très bonne qualité de lumière pour travailler.
Ce n'est que des années plus tard, quand de plus en plus de galeries se sont intéressées à mes tableaux et que petit à petit j'ai commencé à en tirer un certain bénéfice financier, que j'ai pu sérieusement me mettre à planifier et réaliser mon nouveau grand atelier.
Durant l'été et l'automne 1999 je me suis construit mon «atelier de rêve». Il dispose d'une grandeur de 160 m^2 en y ajoutant encore 130 m^2 pour les ateliers techniques. Ici je peux enfin travailler comme je me le suis toujours imaginé. J'ai assez de lumière et il fait chaud, grâce à mon poêle de faïence, il est confortable et spacieux. Maintenant beaucoup de visiteurs peuvent venir en même temps dans mon atelier, et je n'ai plus besoin de demander à personne d'y entrer un par un.

Red tower
Öl auf Leinwand, 65 x 70 cm, 2000

KLAUS BRANDNER

Klaus Brandner wurde am 11. Dezember 1965 in Klagenfurt (Österreich) als zweites von vier Kindern geboren. Nach der Volksschule besuchte er ein Gymnasium mit Schwerpunkt Bildnerische Erziehung. Längere Studienaufenthalte führten ihn u. a. nach Australien, Kanarische Inseln, Griechenland, Mönchsrepublik Athos, Italien, Albanien, Belgien und Frankreich (Paris), wo er 1996 im Atelier der Stadt Klagenfurt für drei Monate arbeitete. Er ist Mitglied der „Berufsvereinigung bildender Künstler Österreich" und seit 1996 auch Mitglied der „Genossenschaft bildender Künstler Weimar". Viele Ausstellungen seit 1986 haben Brandner zu einem international bekannten Künstler gemacht. Er lebt mit seiner Frau und den gemeinsamen Kindern (Jenny geb. 1993, Tomi geb. 1994) in Klagenfurt, wo er sein Atelier und seine eigene Siebdruckwerkstätte eingerichtet hat.

Einzel * - Gruppenausstellungen (Auswahl)

1986 Klagenfurt, Stadthaus
1987 * Griechenland, Galerie Porto Carras
1989 * Klagenfurt, Kellergalerie
Völkermarkt, Galerie im Wehrturm
1990 Luxemburg, ART Gallery
* Gmünd, Brauhausgalerie
* Wien, Galerie Blue Note
Klagenfurt, Freizeitmesse
1991 * Hamburg, Galerie auf der Uhlenhorst
Hamburg, ART Hamburg
Lahr, Galerie Wild
Teneriffa, Galerie La Colombe
* Judenburg, Galerie G
1992 München, Autorengalerie
* Recklinghausen, Künstlerhaus Kenkmannshof
Teneriffa, Galerie La Colombe
Velden, Künstlerzentrum (Altes Casino)
1993 * Graz, Galerie DIDA
Klagenfurt, Messehalle
Hamburg, Galerie auf der Uhlenhorst
Bozen, Messehalle
Weimar, Galerie im Cranach-Haus
1994 * Leoben, Galerie Daghofer
* Velden, Casineum
Oldenburg, Galerie Klostermühle
Dortmund, Galerie Schneider
Buchholz i. d. N., Galerie ARS Terra
München, ART Galerie
1995 * Klagenfurt, Galerie U
Hamburg, Galerie auf der Uhlenhorst
* Paris, Galerie Yves Fay
* Gelsenkirchen, Galerie Mucha
1996 Rheinbach, Glashaus am Wasserturm
* Graz, Galerie DIDA
Ahrensburg, ART Stormania
1997 * Hamburg, Galerie im Airporthotel
Recklinghausen, Künstlerhaus Kenkmannshof
* Weimar, Galerie im Cranach-Haus
* Gleisdorf, Musikschule Gleisdorf
Leoben, Galerie Daghofer
St. Pölten, Galerie Maringer
Frankfurt, ART Ambiente (Verlag Heymer)
* Weimar, Holliday Inn
1998 Frankfurt, ART Ambiente (Verlag Heymer)
Hamm, Galerie Kley
Wien, Kunst Wien 98 (Galerie Maringer)
* Gent, LineART Gent (Galerie Maringer) one man show
1999 * Leoben, Galerie Daghofer
* Ried im Innkreis, Galerie Krausmann
* Klagenfurt, Europahaus
* Hamm, Galerie Kley
Wien, Kunst Wien 99 (Galerie Maringer)
Frankfurt, ART Ambiente (Verlag Heymer)
* Gent, LineART Gent (Galerie Maringer) one man show
2000 Brüssel, Galerie Viviana Grandi
Frankfurt, ART Ambiente (Verlag Heymer)
* Wien, Galerie am Stubentor
Frankfurt, ART Akzent (Verlag Heymer)
Dortmund, Galerie Schneider
Wien, Kunst Wien 2000 (Galerie Maringer)
Buchholz, Galerie ARS Terra
* Gent, LineART Gent (Edition 2000) one man show
2001 * Brüssel, Galerie Viviana Grandi
Frankfurt, ART Ambiente (Verlag Schumacher)
* Untergrub, Galerie Untergrub
* Mauerbach, Galerie Tulbingerkogel
* Wien, Galerie am Stubentor
Düsseldorf, Galerie Fils
Luzern, Galerie Twerenbold
Wien, Kunst Wien 2001 (Galerie Maringer)

optimistische Welt des Klaus Brand
Exposición de Klaus Brandner en la galería Viviana Grandi
Hasta el próximo 24 de marzo la conocida galería de arte Viviana Grandi (70, 1050 Bruselas) acogerá las presentación del pintor austríaco Klaus
KLAUS BRANDNER
galerie kley
59069 Hamm-Werlerstr. 304
11. Mai bis 11. Juli 1999
Große Welt der Phan
Mit über 70 Bildern präsentiert sich Klaus Brandner bis 22. April im Europahaus.
„Wenn man hier reinkommt, ist man sofort bester Laune", bekundet eine Ausstellungsbesucherin bei der Vernissage. Und tatsächlich. Hier strahlt kräftiges Gelb (passend fröhlicher Titel „Hello Yellow"), dort leuchtet sattes Rot (ein
Sonnenaufgang, davor kleine Phantasiemännchen – „Good Morning!") und geht man auf die Werke des Klagenfurter Malers Klaus Brandner zu, so heißt es: Eintauchen in die bunte Welt des Ideenreichtums.
Es kommunizieren Lebendigkeit und Geometrie, wundersame Wesen und die Natur. Eine Ausstellung, die man sehen sollte!
KLAUS BRANDNER
LINEART
Galerie YVES FAY
6, rue Saint - Merri - 75004 Paris
Métro: Hôtel de Ville, Rambuteau
3 au 29 octobre 1995
Vernissage: Jeudi 5 oct. 18 h
Ouvert du Mardi au Dimanche de 13 h à 19 h
KLAUS BRANDNER
Galerie Viviana Grandi, Bruxelles
BRANDNER KLAUS
ART HAMBURG
GALERIE UHLENHORST HAMBURG
Winterhuder Wochenblatt
Natur + Phantasie = Das Paradies?
KLAUS BRANDNER
Galerie am Stu
7. bis 30.
KLAUS BRANDNER
Verlag Jürgen Heymer
KLAUS BRANDNER
hüssel" wird Kunst
Traumwandler der Leinwand: K. Brandner
Österreicher zeigt Werke im Künstlerhaus Kenkmannshof
Blumen, Menschen und Gestalten

Künstlerhaus Kenkmannshof
Unterstraße/Bockholterstraße
4350 Recklinghausen-Hochlar
Eröffnung: Sonntag, 13. Sept. um 11 Uhr
13. September bis 18. Oktober 1992
Täglich, außer Montag, von 11–19 Uhr
Neue Arbeiten von Klaus Brandner
Im Jahre 1994 wurde Klaus Brandner erstmalig in Leoben in der Galerie Daghofer vorgestellt. Zur Freude des Künstlers und der Galerie fand seine Darstellung Anklang und seine Bilder sind immer wieder
„Ich bin langsam
Kunst für Ihr Heim
KLAUS BRANDNER
Galerie im Cranach-Haus
Markt 12, Weimar
12. April–17. Mai 1997
KLAUS BRANDNER
GALERIE DAGHOFER
Waasenstraße 4, Leoben
3. März bis 3. April 1999
Ein Maler bei der Arbeit
Tag für die oberen
KLAUS BRANDNER
1996
KLAUS BRANDNER
Galerie YVES FAY Paris
KLAUS BRANDNER
Galerie im Cranach-Haus
Weimar
„Red-Ribbon-Akti
randner in seinem Klagenfurter Atelier.
s Brandner international
che, daß bereits vor der Eröffnung seiner Ausstellung schon einige seiner Exponate gekauft wurden.
Der große Erfolg in Paris scheint Klaus Brandner noch nicht genügt zu haben, ging er mit seinen Malereien und Grafiken doch gleich im Anschluß an Frankreich weiter nach Gelsenkirchen in Deutschland. Hier stellt er bis 2. Dezember in der Galerie Mucha aus.
Neben seiner regen Ausstellungstätigkeit hat Klaus Brandner für das Jahr 1996 einen farbenfrohen Kunstkalender gestaltet, nebenbei entwarf er für einen prominenten Politiker Schnapsflaschen-Etiketten. Da wage es noch einer zu sagen, daß Kärntens Künstler nicht ausgelastet sei
KLAUS BRANDNER
maringer
KLAUS BRANDNER
galerie maringer
kunst wien 98
messe für zeitgenössische kunst
GALERIE LA C
Gigi Scheepers
KLAUS BRANDNER
BRANDNER
1998

Mit freundlicher Unterstützung

IMR®
METALLE und
TECHNOLOGIE GmbH
Jessenigstraße 4 · A-9220 Velden · AUSTRIA

GALERIE ZENTRUM

KÄRNTEN KULTUR

KULTUR

DieKärntner Sparkasse AG

TEXTDESIGN

Impressum

Idee und Layout: Klaus Brandner
1. Auflage: 2500 Exemplare
228 Seiten, 165 Abbildungen
Gesetzt aus der Comic Sans MS
Als Vorzugsausgabe wurden den ersten 840 Exemplaren
je eine handsignierte Original Serigrafie beigegeben.
Satz und Litho: Textdesign Ges. m. b. H., Klagenfurt
Produktion: Druckagentur Trojacher
Papier: Arctic Volume 170 g

Übersetzungen:
ins Englische von Celia Gardiner,
ins Französische von Übersetzungsbüro Schatz, Klagenfurt

Verlag Johannes Heyn, Klagenfurt

ISBN-Nr. 3-85366-978-6

Die Deutsche Bibliothek - CIP-Einheitsaufnahme
Brandner, Klaus:
Klaus Brandner/mit Textbeitr. von Franz Morak; Irina Lino - Klagenfurt: Heyn, 2001
ISBN 3-85366-978-6

Oktober 2001

Mit seinen Kindern Jenny und Tomi 2001